BEI GRIN MACHT SICH IHR WISSEN BEZAHLT

AF131187

- Wir veröffentlichen Ihre Hausarbeit,
  Bachelor- und Masterarbeit

- Ihr eigenes eBook und Buch -
  weltweit in allen wichtigen Shops

- Verdienen Sie an jedem Verkauf

Jetzt bei www.GRIN.com hochladen
und kostenlos publizieren

Bibliografische Information der Deutschen Nationalbibliothek:

Die Deutsche Bibliothek verzeichnet diese Publikation in der Deutschen National-bibliografie; detaillierte bibliografische Daten sind im Internet über http://dnb.d-nb.de/ abrufbar.

Impressum:

Copyright © 2016 GRIN Verlag, Open Publishing GmbH
Druck und Bindung: Books on Demand GmbH, Norderstedt Germany
ISBN: 9783668487512

Dieses Buch bei GRIN:

http://www.grin.com/de/e-book/368164/die-einengung-des-oeffentlichen-raumes-als-gesellschaftliches-phaenomen

Robin Huber

Die Einengung des öffentlichen Raumes als gesellschaftliches Phänomen

GRIN Verlag

GRIN - Your knowledge has value

Der GRIN Verlag publiziert seit 1998 wissenschaftliche Arbeiten von Studenten, Hochschullehrern und anderen Akademikern als eBook und gedrucktes Buch. Die Verlagswebsite www.grin.com ist die ideale Plattform zur Veröffentlichung von Hausarbeiten, Abschlussarbeiten, wissenschaftlichen Aufsätzen, Dissertationen und Fachbüchern.

Besuchen Sie uns im Internet:

http://www.grin.com/

http://www.facebook.com/grincom

http://www.twitter.com/grin_com

Die Einengung des öffentlichen Raumes als gesellschaftliches Phänomen

Maturitätsarbeit von Robin Huber

Kantonsschule Büelrain

Winterthur

2016

Inhaltsverzeichnis

1. Einführung 3

2. Methodik 5

3. Rechtliche Analyse des Vorfalles vom 21.02.2016 7

3.1. Die polizeiliche Anhaltung und der Tatverdacht 7

3.2. Durchführung einer Personenkontrolle 8

3.3. Minderjährigkeit 11

3.4. Schlussfazit 12

4. Der Einfluss der Polizeipolitik auf die Freizeit der Jugendlichen in Winterthur 13

4.1. Das Sicherheitsempfinden der Winterthurer Bürger 13

4.2. Verdacht auf Cannabis 15

4.3. Social Profiling 16

4.4. Die Verhältnismässigkeit von Personenkontrollen 17

4.5. Hotspots 20

4.6. Der Einfluss von Personenkontrollen auf die Freizeitgestaltung der Winterthurer Jugendlichen 24

5. Konklusion 28

6. Quellenverzeichnis 31

7. Anhang 33

Seit längerer Zeit habe ich den Eindruck, dass wir Jugendlichen von Polizei – und teilweise auch von der Politik – in erster Linie als Problemfaktor im öffentlichen Raum wahrgenommen werden. Auch in den Medien ist in diesem Zusammenhang selten vom Bedürfnis Jugendlicher nach Freizeitgestaltung, aber häufig von öffentlicher Ruhestörung, Littering und anderen Konflikten mit den geltenden Gesetzen die Rede. Und diese Grundhaltung spiegelt sich in der Folge auch im Umgang mit uns Jugendlichen beispielsweise bei spontanen Personenkontrollen.

Folgendes persönliches Erlebnis von Ende Februar 2016 belegt dies meines Erachtens exemplarisch:

«Es ist der letzte Tag der Sportferien 2016. Drei meiner engsten Freunde und ich treffen uns gegen 20:00 Uhr auf dem Katharina-Sulzer-Platz, um gemeinsam die letzten Ferienstunden zu geniessen. Es wird jedoch schnell ziemlich kühl und wir entscheiden uns, zu mir nach Hause zu gehen. Wie üblich passieren wir als Abkürzung die Parkhalle 52, wo uns überraschend ein Polizeiauto den Weg abschneidet, zwei männliche Polizisten im Alter zwischen 40 und 50 Jahren aussteigen und eine Personenkontrolle durchführen wollen. Einmal mehr verstehe ich nicht, aus welchem Anfangsverdacht wir kontrolliert werden, denn wir waren in Bewegung, konsumierten keinerlei Drogen und haben uns nach meiner Wahrnehmung nicht auffällig verhalten. Um das Ganze möglichst schnell hinter uns zu bringen - und aus Erfahrung - stellen wir keine Fragen und folgen den Anweisungen der beiden Polizisten. Bis zu dem Punkt, als der eine Polizist meinen Kollegen auffordert, ihn in seine Unterhose hineinblicken zu lassen, nachdem sie bei einem weiteren Kollegen zwei Gramm Cannabis gefunden haben. Als mein Kollege damit nicht einverstanden ist und dies den Polizisten aber nicht zu kümmern scheint, entscheide ich mich, meine Bedenken bezüglich der Verhältnismässigkeit und der Grundlage dieser Kontrollmassnahme in der Öffentlichkeit zu äussern. Die Reaktion des Polizisten ist irritierend. Er kommt auf mich zu und fragt mich in aggressivem Ton, wer ich eigentlich zu sein glaube und was ich denke zu wissen. Als mein Kollege dem Polizisten anschliessend tatsächlich Einsicht in seine Unterhose gewähren muss, entscheide ich zu handeln und meine Mutter, die Juristin ist, anzurufen mit der Begründung, dass ich noch minderjährig bin. Der Polizist ist damit nicht einverstanden und versucht mir das Telefon zu entreissen mit der Androhung, er würde mich wegen Widersetzung einer polizeilichen Aufforderung festnehmen. Als er hört, dass meine Mutter den Anruf entgegennimmt, verlangt er das Handy. Mir wird schnell klar, dass er das Telefonat nur so schnell wie möglich beenden will. Ich rufe daher von der Seite her ins Telefon was Sache ist und was er soeben von meinem Kollegen verlangt hat. Nur wenige Minuten später treffen meine Mutter und der Vater meines Freundes in der Halle ein und es kommt zu einer heftigen Diskussion, bei der sich ein Polizist ruhig verhält, der andere jedoch ziemlich gereizt und laut argumentiert. Sie verweisen darauf, dass in der Halle enorm viele Graffitis vorhanden seien, weshalb sie an diesem Ort regelmässige Kontrollen durchführen müssten. Diese Begründung für die Kontrolle hatten sie zuvor nicht erwähnt.

Als Begründung für den Blick in die Unterhose meines Kollegen gab der Polizist an, dass erfahrungsgemäss in 80% aller Fälle dort Drogen versteckt seien. Weil sie bei meinem Kollegen eine Hanfmühle in der Jackentasche gefunden hatten, sei diese Kontrolle angezeigt gewesen. Ich entgegne, dass sie dies nicht in der Öffentlichkeit machen dürfen. „Ist ja niemand hier, oder?", ist seine Antwort.

Die Diskussion ging noch einige Minuten, bis die Polizisten an einen weiteren Einsatz mussten. Erwähnenswert scheint mir auch noch, dass mich ein Polizist von Anfang an geduzt hat. Es ist jedoch zusätzlich anzumerken, dass sich der zweite, eher jüngere Polizist stets freundlich, ruhig und grundsätzlich korrekt verhalten, an der Diskussion aber kaum teilgenommen hat.

Im Anschluss an diesen Vorfall führte ich mit meinen Kollegen und meinen Eltern Diskussionen darüber, was die Polizei darf und was nicht. Wir merkten bald, dass es viele offene Fragen gibt. Im Wesentlichen sind dies:

- Darf die Polizei ohne plausiblen und auf Nachfrage auch klar geäusserten Anfangsverdacht Personenkontrollen durchführen?
- Wie weit dürfen diese Kontrollen, zumindest in der Öffentlichkeit, gehen?
- Darf ein Polizist einem Minderjährigen verbieten seine Eltern anzurufen?

Ich entscheid mich daher, die juristische und politische Sachlage im Rahmen meiner Maturaarbeit zu untersuchen. In den letzten Wochen kam ein beträchtlicher Stapel an Rechtsunterlagen, Zeitungsartikel und Schilderungen von anderen «Betroffenen» zusammen. Immer wieder tauchten neue Fragen auf und mein Interesse am Thema nahm täglich zu.

Ich wollte herausfinden, ob es regelmässig zu solchen Vorfällen kommt in Winterthur; aber auch wer davon betroffen ist und was die Polizei effektiv darf. Darüber hinaus interessiert mich aber auch, ob die Betroffenen sich ihrer Rechte in solchen Situationen bewusst sind und welche Auswirkungen solche Vorfälle auf das Freizeitverhalten von Jugendlichen haben.

Meine Hypothese: *In den Schweizer Städten bzw. konkret in Winterthur werden die Jugendlichen immer stärker aus dem öffentlichen Raum verdrängt.*

Die Hypothese basiert auf eigenen Erfahrungen, weil der Grossteil meines Freundeskreises und ich mittlerweile mehrfach im öffentlichen Raum angehalten und kontrolliert wurden. Dies in den meisten Fällen ohne, dass wir uns verdächtig verhalten oder gegen irgendwelche Gesetze verstossen hätten.

In meiner Maturitätsarbeit gehe ich auf folgende Punkte ein:

- Analyse der rechtlichen Situation bezüglich Polizeikontrollen
- Mögliche Motive für diese Politik (Gemäss einer Befragung der Stadtpolizei zum Sicherheitsempfinden der Bürger/innen gehören herumlungernde Jugendliche zu einem der meistgenannten Probleme...)
- Auswirkungen dieser Polizeipraxis auf das Freizeitverhalten von Jugendlichen in der Stadt Winterthur

Zur rechtlichen Analyse des Vorfalles vom 21.02.2016 bediene ich mich der am Anfang des Kapitels 3 aufgelisteten Rechtsunterlagen und zugehörigen Kommentaren von Experten. Als weitere fachkundige Infoquelle führte ich ein Interview mit Roger P., dem Dienstchef des Jugenddienstes der Stadt Winterthur. Dies waren die entsprechenden Fragen:

1. Herr P., Sie sind Dienstchef des Jugenddienstes der Stadtpolizei Winterthur. Was sind denn die Aufgaben des Jugenddienstes?
2. Mit welchen Arten von Vergehen bzw. Gesetzesverstössen von Jugendlichen haben Sie es am meisten zu tun?
3. Wird der Drogenkonsum und –handel, hauptsächlich verfolgt?
4. Würden Sie bestätigen, dass die Polizei in diesen Fällen oftmals nach Gruppenprofilen im Sinne eines Social Profiling und teilweise auch Racial Profiling ihre Durchsuchungen durchführt?
5. Einmal sass ich zum Beispiel mit meinem arabisch aussehenden Schulfreund in der Mittagspause Früchte essend mit Schulsack im Stadtpark beim Schulhaus Altstadt, bis uns drei Velopolizisten spontan durchsuchten. Ein Tatverdacht war für uns nicht ersichtlich und die Kontrolle wurde auch nicht begründet. Wie beurteilen Sie solche spontane, unbegründete Kontrollen?
6. Was können Jugendliche tun, wenn sie ohne Begründung und zu Unrecht kontrolliert werden?
7. Eine weitere fragliche Durchsuchung musste ich in der Katarina-Sulzer-Halle erleben. Die Kontrolle ging soweit, dass einer der Polizisten einem meiner Freunde in den Intimbereich blicken wollte und dies mitten in der öffentlichen Halle. Begründung war der Besitz von Cannabis und Spray-Dosen...
8. Halten Sie diese Massnahme für verhältnismässig?
9. Sind die Routen für die Streifenwagen so festgelegt, dass alle diese Hotspots regelmässig abgefahren werden?
10. Meine These ist, dass eben genau diese regelmässigen Personenkontrollen das Freizeitverhalten vieler Jugendlicher stark beeinflusst, so dass sie sich aus der Öffentlichkeit, die reich an solchen erwähnten Hotspots ist, immer mehr zurückziehen, um spontane und unbegründete Kontrollen zu umgehen. Wie sehen Sie das? Konnten Sie das ebenfalls feststellen?

Um die Häufigkeit, Verbreitung und eventuellen Zielgruppen von Personenkontrollen, sowie deren Einfluss auf das Freizeitverhalten der Winterthurer Jugendlichen genauer untersuchen zu können, führte ich eine Online-Umfrage auf *www.survio.com* durch. Den Umfrage-link habe ich an die Kantonsschule Büelrain, die Kantonsschule Rychenberg, die Kantonsschule Im Lee und das Ausbildungszentrum Winterthur gesendet sowie als Kettennachricht über Bekannte verbreitet. Resultierend nahmen genau 400 Männer und Frauen im Alter zwischen 16 und 25 Jahren teil. Die Mehrheit der Befragten ist mit 59,3% männlich. Das folgende Diagramm zeigt die Altersverhältnisse:

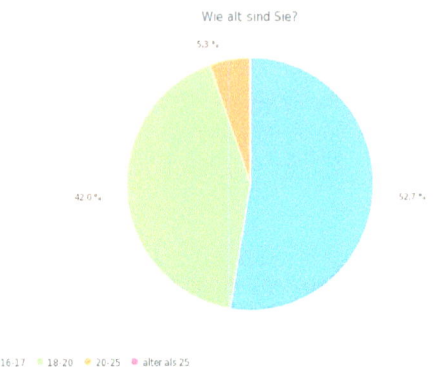

Abbildung 1 Alterskategorien der Befragten

Die Umfrage setzte sich aus folgenden 17 Fragen zusammen:

1. Wählen Sie Ihr Geschlecht aus.
2. Wie alt sind Sie?
3. Welche(n) Kleidungsstil(e) tragen Sie während Ihrer Freizeit?
4. Falls Sie nicht aus der Schweiz stammen, sieht man Ihnen Ihre ausländische Abstammung an?
5. Was haben Sie für eine Hautfarbe?
6. Sprechen Sie fliessendes, korrektes Schweizerdeutsch?
7. Wie oft sind Sie durchschnittlich von spontanen Polizeikontrollen betroffen?
8. Wie oft halten Sie sich während Ihrer Freizeit an öffentlichen Plätzen wie Schulhöfen, Bahnhöfen, in der Altstadt, in grösseren Pärken etc. auf?
9. Falls Sie schon von spontanen Polizeikontrollen betroffen waren, wo fanden diese statt?
10. Nach Paragraph 24, 2 des Polizeigesetzes braucht es für die Durchführung einer Polizeikontrolle nach den Regeln der Strafprozessordnung einen Verdacht auf eine strafbare Handlung. In wie vielen von Ihnen erlebten Polizeikontrollen wurde Ihnen der entsprechende Tatverdacht genannt? (ungefähr)
11. Wie wurde der Tatverdacht jeweils begründet?
12. In wie vielen von Ihnen erlebten Personenkontrollen war der Tatverdacht nachvollziehbar? (bitte möglichst objektiv)
13. Wurden Sie schon Zeuge von Durchsuchungen, die weitergingen als es in Artikel 250 geregelt ist (z.B. Kontrolle des Intimbereichs in der Öffentlichkeit)?
14. Falls ja, beschreiben Sie den Vorfall bitte möglichst kurz und prägnant.
15. Wie beeinflussen spontane Polizeikontrollen Ihr Freizeitverhalten den Tag durch?
16. Wie beeinflussen spontane Polizeikontrollen Ihr Freizeitverhalten bei Nacht?
17. Wenn Sie in Ihrer Freizeit an einem öffentlichen Ort niederlassen wollen, überlegen Sie sich dann, ob die Wahrscheinlichkeit, von einer spontanen Polizeikontrolle an diesem Ort betroffen zu werden, zu hoch ist und wechseln dann eventuell sogar den Niederlassungsort?

Der Vorfall vom 21.02.2016 ist ein Beispiel von vielen. Ich bin in den vergangenen 24 Monaten, nach eigener Einschätzung, über ein Dutzend Mal kontrolliert worden. In keinem der Fälle konnte die Polizei einen Gesetzesverstoss feststellen. Mein bisher einziger Kontakt mit der Jugendanwaltschaft war aufgrund eines von mir verursachten Verkehrsunfalls. Der Schaden war ein Blechschaden an einem Personenwagen und ein verbogenes Rad an meinem Fahrrad.

Zur Überprüfung der Gesetzmässigkeit des Vorgehens der beiden Polizisten benutze ich folgende Rechtsunterlagen:

- **Strafprozessrecht (inklusive Kommentare)**
- **Polizeirecht**
- **Allgemeine Polizeiverordnung der Stadt Winterthur**
- **Die Rolle des Tatverdachts bei der Anordnung von Zwangsmassnahmen (von Prof. Dr. iur. Daniel Jositsch & Michaela Lewandowski)**

„Einmal mehr verstehe ich nicht, aus welchem Anfangsverdacht wir kontrolliert werden, denn wir waren in Bewegung, konsumierten keinerlei Drogen und haben uns nach meiner Wahrnehmung nicht auffällig verhalten." (aus Einführung)

Ist es der Polizei gesetzlich erlaubt ohne Tatverdacht eine Personengruppe anzuhalten und mittels Leibesvisitation zu kontrollieren?

Polizeigesetz (PolG, LS 550.1)
4. Abschnitt: Polizeiliche Massnahmen
G. Durchsuchung:

„Die Polizei darf in oder an der Kleidung einer Person, an der Körperoberfläche oder in den ohne Hilfsmittel einsehbaren Körperöffnungen und Körperhöhlen nach Gegenständen oder Spuren suchen, wenn c. der Verdacht besteht, dass sie sicherzustellende Gegenstände bei sich hat" (§ 35 Abs. 1 PolG)

Strafprozessordnung (StPO; SR 312.0)
Art. 215 Polizeiliche Anhaltung:

[1] Die Polizei kann im Interesse der Aufklärung einer Straftat eine Person anhalten und wenn nötig auf den Polizeiposten bringen, um: a. ihre Identität festzustellen; b. sie kurz zu befragen; c. abzuklären, ob sie eine Straftat begangen hat; d. abzuklären, ob nach ihr oder nach Gegenständen, die sich in ihrem Gewahrsam befinden, gefahndet wird.
[2] Sie kann die angehaltene Person verpflichten: a. ihre Personalien anzugeben; b. Ausweispapiere vorzulegen; c. mitgeführte Sachen vorzuzeigen; d. Behältnisse oder Fahrzeuge zu öffnen" (Art. 215 Abs. 2 StPO)

Punkte a. – c. haben wir befolgt, ein Fahrzeug hatten wird nicht dabei.

Artikelkommentar (StPO 215) von Herr Prof. Dr. Franz Riklin (Rechtswissenschaftliche Fakultät der Universität Freiburg):

„Die kurzfristige Einschränkung der Bewegungsfreiheit einer Person durch die polizeiliche Anhaltung {...} ist zulässig. Dies muss allerdings „im Interesse der Aufklärung einer Straftat" geschehen. Es muss eine Straftat begangen worden sein oder zumindest ein entsprechender Tatverdacht bestehen, den es aufzuklären gilt."[1]

Es muss somit ein entsprechender Tatverdacht bestehen. Beim eingangs erwähnten Vorfall sagten uns die Polizisten, dass sie uns verdächtigten, wir könnten Cannabis besitzen. Meiner Mutter und dem Vater meines Freundes gegenüber sagten sie implizit, es bestehe der Verdacht auf Spray-Dosen-Besitz. Ich fand es nicht überzeugend, dass sie uns wegen der Sprayereien anhielten und durchsuchten. Das Parkhaus, in welchem die Kontrolle stattfand, ist seit Jahren annähernd vollständig vollgesprayt. Ich habe den Polizisten auf diesen Widerspruch angesprochen, wurde jedoch ignoriert.

Daniel Jositsch und Michaela Lewandowski definieren den „Tatbestand" folgendermassen:

„Eine Legaldefinition des Tatverdachts fehlt, weshalb von folgender dynamischen Definition ausgegangen werden kann: Ein Tatverdacht entsteht, wenn konkrete Anhaltspunkte bzw. Tatsachen aufgrund besonderer Kenntnisse und Erfahrungen zum Schluss führen, dass wahrscheinlich eine verfolgbare strafbare Handlung oder Unterlassung vorliegt. Der Tatverdacht ist also die qualifizierte Vermutung einer verfolgbaren Straftat aufgrund zureichender (oder hinreichender) tatsächlicher Anhaltspunkte. Reine Mutmassungen, Gerüchte oder generelle und vage Vermutungen sowie die Möglichkeit der Tatbegehung vermögen jedoch keinen hinreichenden Tatverdacht zu begründen."[2]

Fazit: Ein Tatverdacht ist notwendig, um eine Personenkontrolle durchführen zu dürfen. Eine Legaldefinition des Tatverdachts gibt es zwar nicht, aber gemäss dem Kommentar von Jositsch und Lewandowski sollte eine qualifizierte Vermutung für eine verfolgbare Straftat vorliegen. Diese Vermutung muss wiederum aus mindestens einem zureichenden Anhaltspunkt hervorgehen. Und genau dieser Anhaltspunkt ist in unserem Falle nicht ersichtlich. Wir waren in Bewegung, rauchten nicht einmal eine Zigarette (könnte verwechselt werden mit einem Joint) und steuerten auf die Ausgangstür zu.

3.2.   Durchführung einer Personenkontrolle

„(...) als der eine Polizist meinen Freund auffordert, ihn in seine Unterhose hineinblicken zu lassen. Als mein Freund damit nicht einverstanden ist und dies den Polizi-

---

[1] Riklin, Franz: *Art. 215 Polizeiliche Anhaltung.*
[2] Jositsch, Daniel und Michaela Lewandowski: *Die Rolle des Tatverdachts bei der Anordnung von Zwangsmassnahmen*

sten aber nicht zu kümmern scheint, entscheide ich mich, meine Bedenken bezüglich der Verhältnismässigkeit und der Grundlage dieser Kontrollmassnahme in der Öffentlichkeit zu äussern. (...)
Als Begründung für den Blick in die Unterhose meines Freundes gab der Polizist an, dass erfahrungsgemäss in 80% aller Fälle dort Drogen versteckt seien. Weil sie bei meinem Freund eine Hanfmühle in der Jackentasche gefunden hatten, sei diese Kontrolle angezeigt gewesen. Ich entgegne, dass sie dies nicht in der Öffentlichkeit machen dürfen. „Ist ja niemand hier, oder?", ist seine Antwort."

Wie ist der Umfang einer polizeilichen Personendurchsuchung geregelt? Gibt es für Durchsuchungsmassnahmen bis in den Intimbereich in der Öffentlichkeit eine rechtliche Grundlage?

Art. 250 StPO
Durchführung

Die Durchsuchung von Personen umfasst die Kontrolle der Kleider, der mitgeführten Gegenstände, Behältnisse und Fahrzeuge, der Körperoberfläche und der einsehbaren Körperöffnungen und Körperhöhlen. (Art. 250 Abs. 1 StPO)

Durchsuchungen, die in den Intimbereich der Betroffenen eingreifen, werden von Personen des gleichen Geschlechts oder von einer Ärztin oder einem Arzt durchgeführt, es sei denn, die Massnahme dulde keinen Aufschub, (Art. 250 Abs. 2 StPO)

Alle Durchsuchungsmassnahmen aus Art. 250 Abs. 1 StPO wurden an Ort und Stelle durchgeführt und sowohl von mir, als auch von meinen Freunden nicht in Frage gestellt. Erst beim Eingriff in den Intimbereich meines Freundes äusserte ich meine Bedenken bezüglich der Rechts- und Verhältnismässigkeit.

Artikelkommentar (StPO 250) von Dr. iur. Thomas Hansjakob (Erster Staatsanwalt der Staatsanwaltschaft St. Gallen) zum Begriff der Personendurchsuchung (Abs.1):

„Wie jede Zwangsmassnahme ist die Personendurchsuchung nur zulässig, wenn sie verhältnismässig ist. Die Schwere des Eingriffs hängt von der Art der Durchsuchung ab. Bereits das Abtasten über den Kleidern {...} stellt einen Eingriff in die körperliche Integrität (BV 11, 2) und in die Privatsphäre (BV 13) dar {...}, der allerdings bloss als leicht zu qualifizieren ist {...}. Sobald das Frisking[3] den Intimbereich betrifft, ist zumindest von einem mittelschweren Eingriff auszugehen {...} Zu berücksichtigen sind im Weiteren die Randumstände: Der Eingriff wiegt schwerer, wenn er nicht durch eine Person desselben Geschlechts vorgenommen wird oder wenn er in der Öffentlichkeit stattfindet. Die Schwere des Eingriffs ist abzuwägen gegen die Intensität der Vermutung, auf Tatspuren oder zu beschlagnahmende Gegenstände zu stossen, und die Eignung der konkreten Art der Durchsuchung, solche Ergebnisse zutage zu bringen."[4]

Artikelkommentar (StPO 250) von Dr. iur. Thomas Hansjakob (Erster Staatsanwalt der Staatsanwaltschaft St. Gallen) zur Körperkontrolle:

---

[3] Filzen, Durchsuchen
[4] Hansjakob, Thomas: *Art. 250 Durchführung*

„Die verbreitete Praxis, von verdächtigen Personen zu verlangen, sich nackt auszuziehen, um allenfalls am Körper versteckte Beweismittel zu finden, ist nur dann zulässig, wenn solche Gegenstände bei blossem Abtasten über den Kleidern nicht aufgefunden werden könnten, weil sie entweder sehr klein sind oder die Vermutung besteht, sie könnten mit besonderem Aufwand direkt am Körper versteckt, z.B. angeklebt und mit Klebbändern getarnt sein"[5]

Artikelkommentar (StPO 250) von Herr Prof. Dr. Franz Riklin (Rechtswissenschaftliche Fakultät der Universität Freiburg):

„Die Polizei kann ferner {...} eine nach Art. 215 bzw. 217 f. StPO angehaltene oder festgenommene Person durchsuchen, namentlich um die Sicherheit von Personen zu gewährleisten. Hier ist namentlich in Entkleidungsfällen die Verhältnismässigkeit zu beachten. Nacktausziehen darf nicht als Demütigungsritual zelebriert werden. Es ist stets zu prüfen, wie weit je nach der Person, um die es sich handelt, eine Kontrolle auch ohne ausziehen möglich ist (etwa durch Abtasten). Drängt sich eine Untersuchung unter Kleidern oder ohne Kleidern auf, hat dies diskret zu erfolgen, z.B. hinter einem Paravent."[6]

Fazit:

- **Begründung des Anfangsverdachts:** Dieser blieb unklar. Uns gegenüber wurde der Verdacht auf Cannabis-Besitz erwähnt, gegenüber den anwesenden Eltern implizit der Verdacht auf Spray-Dosen-Besitz.
- **Mittelschwerer Eingriff:** Dem Kommentar von Hansjakob zufolge, gilt das Frisking am Intimbereich als mittelschwerer Eingriff, welcher in der Schwere verstärkt wird durch die Tatsache, dass der Eingriff in der Öffentlichkeit stattgefunden hat. Ob das Hineinblicken in die Unterhose, verglichen mit dem Frisking im Intimbereich, einen weniger schweren Eingriff darstellt, geht weder aus dem Gesetz noch aus der Lehre hervor.
- **Intensität der Vermutung:** Ob die Intensität der Vermutung (auf Cannabis und/oder Spray-Dosen-Besitz) hinreichend ist, um die Kontrolle bis in den Intimbereich gehen lassen zu dürfen, ist meines Erachtens mehr als fraglich. Zwar wurde bei der kontrollierten Person eine Hanfmühle gefunden, aber reicht ein legales Objekt, das benutzt wird für eine illegale Substanz, die unter 10 g mit Ordnungsbusse von 100 Franken bestraft wird, aus, um eine Leibesvisitation durchzuführen?
- **Abtasten:** Zumindest das Auffinden einer Spray-Dose, was die Begründung bei Anwesenheit der Eltern war, sollte durch Abtasten durchaus möglich sein.
- **Verhältnismässigkeit:** Die nach StPO 215 angehaltene Person kann zur Sicherheit von Personen durchsucht werden. Bei Entkleidungsmassnahmen ist die Verhältnismässigkeit zu beachten. Es muss davon ausgegangen werden, dass die Polizisten nach Cannabis suchten. Nichts deutete auf den Besitz von harten Drogen hin. Auch das Verhalten des Betroffenen wies nach meiner Einschätzung nicht darauf hin, dass er irgend etwas anderes Illegales auf sich trägt, als allenfalls Cannabis zum eigenen Gebrauch. Bei Cannabis handelt es

---

[5] Hansjakob, Thomas: *Art. 250 Durchführung*
[6] Riklin, Franz: *Art.250 Durchführung*

sich jedoch um eine zwar illegale Substanz, die jedoch bis zu einem Besitz von 10 Gramm mit einer Ordnungsbusse von 100 Franken bestraft wird. Es ist daher meines Erachtens nicht verhältnismässig, für die mögliche Aufdeckung einer mit Ordnungsbusse geahndeten Übertretung den Intimbereich eines jungen Mannes in der Öffentlichkeit zu kontrollieren.

- **Öffentlichkeit:** Von Diskretion war bei dieser Kontrolle keine Spur, erst recht nicht von einem Sichtschutz. Auch wenn keine anderen Personen in der Halle anwesend waren, die Intimbereichskontrolle wurde direkt vor uns Kollegen durchgeführt. Es musste zudem damit gerechnet werden, dass andere Personen das Parkhaus betreten.

Ich gelange zusammenfassend zur Einschätzung, dass es sich bei der Kontrolle im Intimbereich um einen mittelschweren Eingriff handelte, der auf einem zumindest wackligen Anfangsverdacht begründet war. Der Eingriff war nicht verhältnismässig und hätte keinesfalls in der Öffentlichkeit erfolgen dürfen.

„Als mein Freund dem Polizisten anschliessend tatsächlich Einsicht in seine Unterhose gewähren muss, entscheide ich zu handeln und meine Mutter, die Juristin ist, anzurufen mit der Begründung, dass ich noch minderjährig bin. Der Polizisten ist damit nicht einverstanden und er versucht mir das Telefon zu entreissen mit der Androhung, er würde mich wegen Widersetzung einer polizeilichen Aufforderung festnehmen. Als er hört, dass meine Mutter den Anruf entgegennimmt, verlangt er das Handy. Mir wird schnell klar, dass er das Telefonat nur so schnell wie möglich beenden will.“

Polizeigesetz (PolG)
3. Abschnitt: Aufgabenerfüllung im Allgemeinen
A. Grundsätze polizeilichen Handelns:

Sie wahrt die Informationsbedürfnisse der gesetzlichen Vertretung der Minderjährigen. (§ 11 Abs. 2 PolG)

Die Wahrung der Informationsbedürfnisse der gesetzlichen Vertretung stellt einen Grundsatz des polizeilichen Handelns dar. Doch gilt eine Personenkontrolle als polizeiliche Handlung? Roger P., Chef des Jugenddienstes der Stadtpolizei Winter-thur, gibt Aufschluss: „Nein, bei einer Personenkontrolle bekommt ein Jugendlicher nicht die Möglichkeit seinen gesetzlichen Vertreter beizuziehen oder zu benachrichti-gen. Es handelt sich dabei lediglich um eine Kontrolle. Anlässlich einer schriftlichen Befragung, welche bei Vergehen und Verbrechen zwingend vorzunehmen ist, bekommt ein Jugendlicher die Rechte bzw. die Möglichkeit eine Vertrauensperson beizuziehen. Eine Vertrauensperson kann dabei auch die Schwester, der Lehrer, der Onkel, etc. sein. Dies ist in der JStPO geregelt.“[7]

---

[7] Interview Roger P.

Fazit: Ich war zum Zeitpunkt des Ereignisses minderjährig. Ich wollte meine Mutter anrufen, um juristische Hilfe zu erlangen, weil ich keinen anderen Weg sah, dieser willkürlichen Aufforderung des einen Polizisten an meinen Kollegen, ihm ohne begründenden Anhaltspunkt Einblick in den Intimbereich zu gewähren, entgegenzutreten. Dieses Recht stand mir jedoch nicht zu.

3.4. Schlussfazit

Der Tatverdacht ist zwar nicht definiert, aber nach der Definition des Tatverdachts von Jositsch und Lewandowski muss ein Tatverdacht mindestens eine qualifizierte Vermutung für eine verfolgbare Straftat sein, die auf einem Anhaltspunkt basiert. Wir waren in Bewegung, haben nicht geraucht, nichts versteckt und nichts beschädigt.

Die Begründungen für die Kontrolle an sich, die Intimbereichskontrolle und das Verweigern meines Telefonates mit meiner gesetzlichen Vertretung waren teilweise unklar, mangelhaft oder widersprüchlich.

Die Intimbereichskontrolle war nicht gerechtfertigt, war gegen den ausdrücklichen Willen des Betroffenen, wurde unbegründet und nicht sichtgeschützt in der Öffentlichkeit durchgeführt. Es ist anzunehmen, dass der Polizist den Besitz von Cannabis vermutete. Diese Vermutung war jedoch vage und die Massnahme unverhältnismässig.

Der Polizist, der auch die Intimbereichskontrolle durchführte, wurde je länger ich mit ihm diskutierte, respektloser und aggressiver. Der zweite Polizist war stets ruhig und offen für Erklärungen, hatte am Geschehen aber einen kleinen Anteil.

Wo gearbeitet wird, geschehen Fehler. Das ist menschlich und gilt auch für die Polizeiarbeit. Dieser Fall war aber kein einfacher Fehler, sondern es war eine Abfolge von Missachtungen bzw. Überstrapazierungen der gesetzlichen Grundlagen, welche die Legalität des polizeilichen Handelns definieren. Mich hat dieser Vorfall sehr beschäftigt und ich bin der Meinung, dass solche Polizeiarbeit das Vertrauen und den Glauben in den Rechtsstaat unterminiert.
Mir ist bewusst, dass ich in diesem Fall auch bis zu einem bestimmten Punkt befangen bin und meine Aussage als Mitkontrollierten als unglaubwürdig angeschaut werden kann. Dies war für mich aber ein Motivationsgrund, wieso ich diese Arbeit schreibe. Ich will diese in meinen Augen willkürliche Praxis bei Personenkontrollen, die einzelne Polizisten in der Stadt Winterthur an den Tag legen, thematisieren und darauf aufmerksam machen.
Der Vater meines Freundes reichte bei der Polizei eine schriftliche Beschwerde ein und erhielt eine schriftliche Antwort von einer Wachmeisterin mit besonderen Aufgaben, die am Geschehen nicht beteiligt war. Ich erhielt auf Anfrage eine Kopie dieser Antwort und war schockiert. Das Geschehen wurde nach meiner Einschätzung komplett verdreht und stimmte mit meiner Wahrnehmung – und derjenigen meiner Kollegen – nicht überein. Die Kopie der Antwort befindet sich im Anhang.

„Wir machen uns stark für ein vertrauenswertes Winterthur"[8], so lautet der Leitsatz der Stadtpolizei Winterthur. Die Stadtpolizei Winterthur geniesst ein grosses Vertrauen von der grossen Mehrheit der Bevölkerung. Nicht wenige Jugendliche aus der Stadt Winterthur und nahen Umgebung würden die Wörter „Vertrauen" und „Polizei" hingegen nicht in denselben Topf werfen. Spontan durchgeführte Personenkontrollen leisten einen wesentlichen Beitrag zu diesem Misstrauen, obwohl man in gewissen Fällen sogar von Wut sprechen könnte. Wie kommt es zu dieser verbreiteten „Anti-Cops"-Haltung? Wie begründet und nachvollziehbar ist sie? Oder anders gefragt, wie intensiv nimmt die Polizeipolitik der Stadt Winterthur Einfluss auf die Freizeit, bzw. auf das Freizeitverhalten der Jugendlichen?

Die Hauptaufgabe der Polizei ist für Sicherheit zu sorgen. Wie sicher fühlen sich die Winterthurer Bürger tatsächlich? Ein Zeitungsartikel des Landboten vom 02.03.2016 gibt Einsicht in eine von der Stadtpolizei Winterthur durchgeführte Umfrage über das Sicherheitsempfinden der Winterthurer Bürgerinnen und Bürger. Folgende zwei Punkte waren in Bezug auf meine Arbeit interessant:

*   „92,2 Prozent attestieren der Polizei eine „sehr gute" bis „ziemlich gute" Arbeit bei der Bekämpfung der Kriminalität."[9]
*   „Angesprochen auf das dringendste Sicherheitsproblem in der Stadt wurden nacheinander folgende Punkte genannt: Vandalismus, herumhängende Jugendliche und Strassenverkehr. Erst danach folgten Diebstähle, Jugendgewalt und Drogenhandel."[9]

Die klare Mehrheit der Bevölkerung der Stadt Winterthur hat ein überdurchschnittli-ches Sicherheitsempfinden und ist mit der Arbeit der Polizei vollständig zufrieden. Was den Befragten auf die Frage nach dem dringendsten Sicherheitsproblem einfällt, sind die rumhängenden Jugendlichen. Was macht herumhängende Jugendliche zu einem Sicherheitsrisiko? Die aggressive Musik? Der Abfall, den sie liegen lassen? Oder generell ihr mangelnder Anstand? Jugendliche sind keine Psychopathen, die darauf abzielen einen Passanten nach Lust und Laune anzugreifen, sondern lediglich Jugendliche, die rumhängen. Roger P., Chef des Jugenddienstes der Stadtpolizei Winterthur, hat diese „Angst" vor rumhängenden Jugendlichen ebenfalls festgestellt: „Heutzutage rufen uns die Leute nur schon aus Angst an, denn sie befürchten, die Jugendlichen würden gewalttätig reagieren, sollte man sie nur schon auffordern die Musik auszuschalten."[10]
Vor allem die älteren Generationen verbinden die heutige Jugend immer häufiger mit Littering, Gewalt und Drogen. Ich persönlich bin schon mehrmals von älteren Passanten hemmungslos angepöbelt worden, weil beispielsweise meine leere Coca-

---

[8] Stadtpolizei: Organisation – Vom Leitsatz bis zur Vision, *Stadt Winterthur*
[9] Vandalismus als Hauptsorge, *Der Landbote*
[10] Interview Roger P.

Cola-Flasche vor mir auf dem Boden lag. Dabei hätte ich sie, beim Weitergehen entsorgen wollen.

Die Jugendlichen werden in der Öffentlichkeit wohl eher als Störfaktor denn als Sicherheitsrisiko wahrgenommen. Der Zürcher Staatsrechtler Daniel Moeckli appellierte in einem Interview der Wochenzeitung vom 14.08.2014 an die Selbstverantwortung im öffentlichen Raum: „Wenn man bei niederschwelligen Problemen – ich rede nicht von strafbaren Handlungen – immer gleich nach dem Staat ruft und erwartet, dass er für einen handelt, dann bleibt letztlich die Eigenverantwortung auf der Strecke. Die Folgen kann man in England beobachten: Der Staat versucht regelrecht, die Leute zu erziehen. Ich finde, das ist nicht die Aufgabe des Staates. Der öffentliche Raum ist der Raum von Freiheit, Gleichheit, Toleranz und Demokratie. Hier müssen wir akzeptieren, dass wir mit verschiedensten Verhaltensweisen konfrontiert werden. Zu erwarten, dass mir der Staat Leute aus dem Weg räumt, die mir nicht passen, ist intolerant und läuft der Idee eines freiheitlichen Rechtsstaats zuwider."[11]

Auf die Frage, mit welchen Vergehen bzw. Gesetzesverstössen von Jugendlichen es der Jugenddienst bzw. die Polizei am meisten zu tun habe, antwortete Roger P: „Vor fünf Jahren war das grösste Problem der Winterthurer Jugend die Gewalt, heute sind es vielmehr die illegalen Drogen. Ein weiteres grosses Problem, das oftmals mit den Drogen zusammenhängt, ist das regelmässige Littering und das Randalieren gewisser Jugendgruppen an öffentlichen Orten wie Schulhöfen oder Pärken."[12] Dass immer mehr Jugendliche übermässig Drogen und Alkohol konsumieren, ist in den letzten Jahren zu einem zunehmenden Problem geworden. Vandalismus und Drogenhandel stehen tatsächlich in Verbindung mit einzelnen Jugendlichen. Um zu randalieren ist es aber schwierig, gleichzeitig noch rumzuhängen. Die Jugend kann und darf nicht per se mit Drogenkonsum und Vandalismus oder Gewalt gleichgesetzt werden. Drogen wie Kokain, Heroin, LSD oder andere Partydrogen können nicht mit dem bei vielen Jugendlichen durchaus verbreiteten Cannabis verglichen werden. Cannabis ist eine Droge, die alles andere als Aggressionen oder das Bedürfnis zu randalieren auslöst. Sie ist sicherlich nicht gesund, aber auch nicht ungesünder als der legale Alkohol: „Auch wenn es noch keine abschliessenden Studien gibt: Es ist klar, dass Alkohol schädlicher ist als Cannabis"[13], so Urs Hofer von der FDP in einer Diskussion des Gemeinderates über die Cannabis-Politik des Stadtrats vom 29. Februar 2016. In Bezug auf die diskutierte Frage, ob sich Winterthur sogar an Pilotprojekten für den kontrollierten Verkauf von Cannabis beteiligen sollte, meinte David Berger von der Alternativen Liste: „Winterthur hätte als ehemalige Hanfmetropole eigentlich eine Geschichte, die verpflichtet" und der zuständige Gesundheitsvorstand Nicolas Galladé der SP ergänzt verschmitzt: „Wir sind mit dabei, inhalieren aber nicht."[7]

---

[11] „Es gibt kein Recht darauf, sich im Bahnhof nicht gestört zu fühlen". *Die Wochenzeitung*
[12] Interview Roger P.
[13] „Cannabis lässt den Rat kalt". *Der Landbote*.

An dieser Stelle ist die Frage berechtigt, warum in einer Arbeit, die die Einengung des öffentlichen Raumes behandelt, Cannabis eine entscheidende Rolle spielen sollte. Die Antwort darauf liefert eine von mir durchgeführte Umfrage: Von 400 teilnehmenden Jugendlichen, aus der Stadt Winterthur und nahen Umgebung, im Alter von 16 bis 25 Jahren sind 42,2%, bzw. 169 Befragte, durchschnittlich mindestens einmal jährlich von einer Personenkontrolle betroffen, davon 26 bzw. 6,5% sogar durchschnittlich mehr als fünfmal pro Jahr. Bei 40,6% von allen Personenkontrollen, die jene Jugendliche erlebt haben, wurde ein klarer Tatverdacht angegeben. 118 Befragte haben angegeben, dass mindestens einer aller genannter Tatverdachte „Verdacht auf Cannabis" gewesen sei. Unter der Kategorie „Andere" sind Antworten enthalten wie Lärmbelästigung, Littering, Verdacht auf Diebstahl sowie Missachtung der Verkehrsregeln.

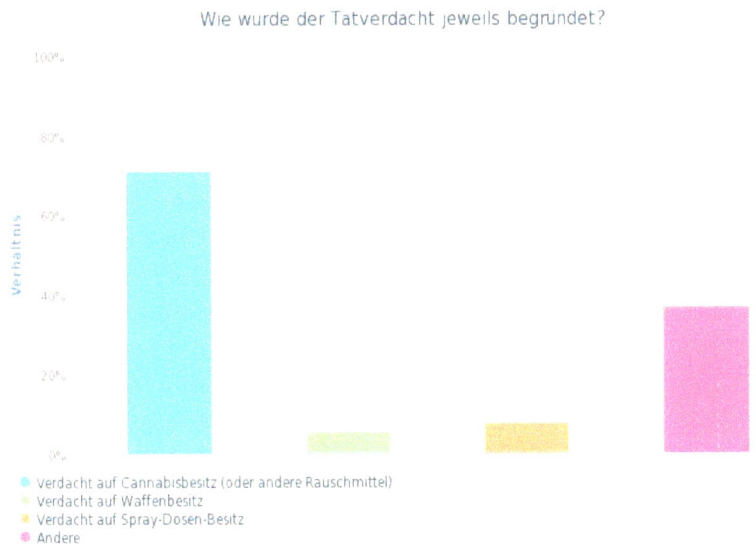

Wie wurde der Tatverdacht jeweils begründet?

- Verdacht auf Cannabisbesitz (oder andere Rauschmittel)
- Verdacht auf Waffenbesitz
- Verdacht auf Spray-Dosen-Besitz
- Andere

Abbildung 2 Kriterium: Durchschnittlich mindestens einmal jährlich von PK betroffen

Auch ich habe erlebt, dass - wenn der Verdacht überhaupt genannt wurde - auf dem die Personenkontrolle basiert, dieser mit „Verdacht auf Cannabis" begründet wurde. Nur ein einziges Mal, und zwar beim im ersten Kapitel beschriebenen Vorfall vom 21. Februar 2016, wurde die Kontrolle - und mehr implizit als explizit - mit dem „Verdacht auf Spray-Dosen-Besitz" begründet.

Kann es sein, dass die Stadtpolizei, aufgrund der aktuellen Jugend-Drogenproblematik, den Drogenkonsum und –handel hauptsächlich verfolgt? Roger P. verneint mit Bezug auf Cannabis eine solche Annahme: „Eine hauptsächliche Verfolgung im Sinne einer „Jagd nach Drogen" gibt es nicht".[14]

---

[14] Interview Roger P.

Seit dem 1. Oktober 2013 gilt folgendes, vom Bundesrat revidierte, Betäubungsmittelgesetz, welches bestimmt, dass bei Cannabiskonsum bis zur Besitzmenge von maximal zehn Gramm eine Ordnungsbusse von 100 Franken erlassen wird, dieser jedoch nicht als strafbar gilt.[15]

Betäubungsmittelgesetz Art. 19b (Stand am 1. Oktober 2013)
4. Kapitel: Strafbestimmungen
1. Abschnitt: Strafbare Handlungen

Wer nur eine geringfügige Menge eines Betäubungsmittels für den eigenen Konsum vorbereitet oder zur Ermöglichung des gleichzeitigen und gemeinsamen Konsums einer Person von mehr als 18 Jahren unentgeltlich abgibt, ist nicht strafbar. (Art. 19b Absatz 1 BetmG)
10 Gramm eines Betäubungsmittels des Wirkungstyps Cannabis gelten als geringfügige Menge. (Art. 19b Absatz 2 BetmG)

4.3. Social Profiling

Gibt es allenfalls noch andere Gründe für die regelmässige Kontrolle von Jugendlichen? Eine Tatsache ist, dass in den letzten Jahren, gerade auch in Winterthur, eine neue Mode einen kräftigen Aufschwung erlebt hat. Sie nennt sich Street Wear und wird vor allem durch die Kleidungsmarke „Carhartt" angeführt. Dabei differenziert sie sich durch ihren lässigen, coolen Look und hat sich vor allem in der Skater- und Hip-Hop-Szene durchgesetzt, breitet sich immer weiter aus und hat nun einen Grossteil aller Winterthurer Jugendlichen erfasst. Dies ist meine persönliche Wahrnehmung, die sich anhand meiner Umfrage aber bestätigt hat: 51,8% aller Befragten tragen Street-Wear-Kleidung, an zweiter Stelle kommt mit 27,2% die sportliche Kleidung. Berücksichtigt man aber nur jene Befragten, die durchschnittlich mindestens einmal im Jahr kontrolliert wurden, so steigt der Street-Wear-Anteil auf 62,7%. Beachtet man nur jene, die pro Jahr mindestens viermal kontrolliert wurden, so steigt er auf 82,2%.

Es stellt sich nun die Frage: Was ist die Ursache und was ist die Folge? Dass der Street-Wear-Kleidungsstil auch unter „Kiffern", also regelmässigen Cannabis-Konsumenten, verbreitet ist, ist tatsächlich so. Was dies für Folgen hat, lässt das weiter unten abgebildete Diagramm vermuten. Es deutet darauf hin, dass die Polizei ein soziales bzw. auf Kleidung ausgerichtetes Profil befolgt. Roger P. verneint diese Annahme: „Nein, wir führen unsere Kontrollen nicht nach spezifischen Profilen durch. Jeder Polizist sollte selbst vernünftig urteilen können, wo eine Kontrolle nötig sein könnte und wo nicht. Wenn ich einen Jugendlichen sehe und ich sein Verhalten für auffällig halte, dann fordere ich ihn auf, seine Säcke zu leeren. Es kann aber auch sein, dass wir uns bei unauffälligem Verhalten gegen eine Kontrolle entscheiden. Ich ging auch schon auf Jugendliche zu, nur um mit Ihnen zu sprechen. Wenn die Jugendlichen vernünftig antworten und höflich bleiben, dann verschwinden wir wieder, wenn sie frech werden oder sich nicht normal verhalten, dann führen wir eine Kontrolle durch. Es arbeitet nicht jeder gleich. Ich arbeite beim Jugenddienst, wahrscheinlich gehe ich etwas anders auf Jugendliche zu als andere Polizisten."[16]

---

[15] „Dokumentation: Medienmitteilungen: Ordnungsbusse bei Cannabiskonsum". *Der Bundesrat*
[16] Interview Roger P.

Das folgende Diagramm weist auf, welche Kleidungsstile die Jugendlichen, die jährlich durchschnittlich mindestens viermal kontrolliert werden, tragen:

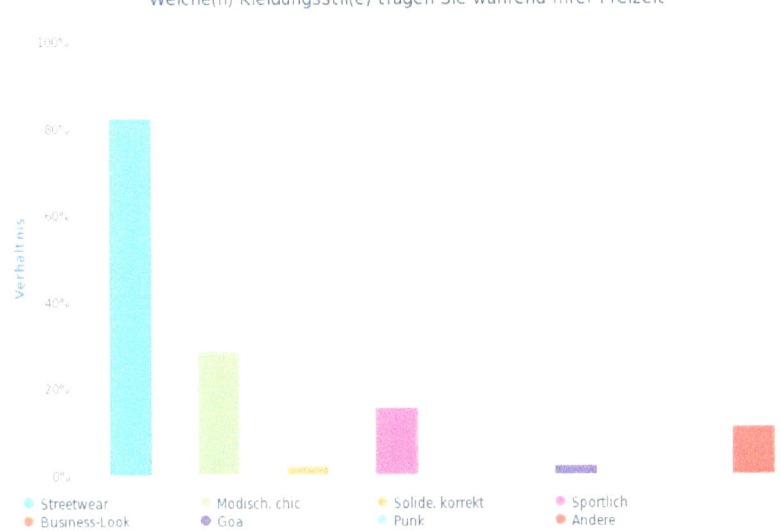

Welche(n) Kleidungsstil(e) tragen Sie während Ihrer Freizeit

Abbildung 3 Kriterium: Durchschnittlich mindestens viermal jährlich von PK betroffen

In der Umfrage waren noch weitere Kriterien, wie Geschlecht, Herkunft, Sprache oder Hautfarbe, zu beantworten. Dabei waren lediglich die Geschlechtsverhältnisse auffallend. Drei Viertel aller mindestens viermal jährlich Kontrollierten sind männlich. Dieses Ergebnis muss aber nicht zwingendermassen auf einem „Social Profiling" basieren, sondern kann auch von verschiedenen Verhaltens- und Freizeitgestaltungweisen der männlichen und weiblichen Jugendlichen herrühren.

4.4. Die Verhältnismässigkeit von Personenkontrollen

Bereits bevor ich mit dieser Arbeit begonnen habe, hatte ich von einigen Freunden und Bekannten von weiteren Erlebnissen erfahren, die dem von mir persönlich erlebten Vorfall vom 21.02.2016 sehr ähnlich waren. Meist waren auch diese Kontrollen aus der Sicht der Betroffenen unbegründet und fragwürdig. Die Umfrage zeigt, wie in Kapitel 3.2 bereits angesprochen, dass weniger als die Hälfte aller von den Befragten erlebten Personenkontrollen mit einem Tatverdacht begründet wurden. Davon war wiederum jede zweite Begründung für die Betroffenen nicht nachvollziehbar. Schlussfolgernd kann man feststellen, dass jede vierte in Winterthur durchgeführte Personenkontrolle an Jugendlichen nachvollziehbar begründet wird, bzw. der Tatverdacht überhaupt erläutert wird. Neben Cannabis-, Spray-Dosen- und Waffenbesitz waren Lärmbelästigung, Littering, Verdacht auf Diebstahl sowie Missachtung der Verkehrsregeln weitere genannte Begründungen.

> **Strafprozessordnung (StPO)**
> **Art. 215 Polizeiliche Anhaltung:**
>
> [1] Die Polizei kann im Interesse der Aufklärung einer Straftat eine Person anhalten und wenn nötig auf den Polizeiposten bringen, um: a. ihre Identität festzustellen; b. sie kurz zu befragen; c. abzuklären, ob sie eine Straftat begangen hat; d. abzuklären, ob nach ihr oder nach Gegenständen, die sich in ihrem Gewahrsam befinden, gefahndet wird.

Es bleibt zu beachten, dass eine Personenkontrolle lediglich „im Interesse der Aufklärung einer Straftat" durchgeführt werden darf. Sprich es benötigt einen Tatverdacht.

„Der Tatverdacht ist also die qualifizierte Vermutung einer verfolgbaren Straftat aufgrund zureichender (oder hinreichender) tatsächlicher Anhaltspunkte. Reine Mutmassungen, Gerüchte oder generelle und vage Vermutungen sowie die Möglichkeit der Tatbegehung vermögen jedoch keinen hinreichenden Tatverdacht zu begründen."[17]

Beachtet man den Artikel 215 der StPO und die Definition des Tatverdachts nach Jositisch und Lewandowski, darf man sich fragen, ob Lärmbelästigung, Littering oder Missachtung der Verkehrsregeln wirklich Straftaten sind, zu deren Aufklärung eine Personenkontrolle notwendig sein sollte, bzw. ob sie hinreichende Anhaltspunkte zur Aufklärung einer weiteren Straftat, wie beispielsweise dem Cannabis-Besitz, darstellen.

Bei starkem Verdacht auf Cannabis-, Spray-Dosen- und Waffenbesitz sowie bei Verdacht auf Diebstahl scheint eine Durchsuchung sinnvoll zu sein. Nur sollten in solchen Fällen auch die Anhaltspunkte, die zu einem Tatverdacht solcher Art führen, erläutert werden, denn jeder könnte theoretisch geahndete Gegenstände mit sich tragen.

Vor ungefähr zwei Jahren sassen ein arabisch aussehender Schulfreund und ich während der Mittagspause Früchte essend und mit Schulsack im Stadtpark beim Schulhaus Altstadt, bis uns drei Velopolizisten spontan durchsuchten. Ein Tatverdacht war für uns nicht ersichtlich und die Kontrolle wurde auch nicht begründet. Ich habe Roger P. von diesem Erlebnis erzählt und ihn nach seiner Beurteilung gefragt: „Grundsätzlich darf {ein Polizist} beim Schulhaus Altstadt eine Kontrolle durchführen, weil auch dieser Ort auf der bereits erwähnten {Hotspot-}Liste[18] steht. Ein Polizist sollte aber fähig sein, vernünftig zu urteilen, bei welchen Personen ein ver-dächtiger Anhaltspunkt vorhanden ist und bei welchen nicht."[19] Einen weiteren Vorfall findet man auf der Blog-Seite der Kantonsschule Büelrain Winterthur, die zufälligerweise auch meine aktuelle Schule ist. Der damalige Gymnasiast Flurin Wäger beschreibt einen von ihm am 10.12.2013 miterlebten Vorfall auf dem Pausenplatz der KBW:

---

[17] Jositsch, Daniel und Michaela Lewandowski: *Die Rolle des Tatverdachts bei der Anordnung von Zwangsmassnahmen*
[18] siehe Kapitel 4.5
[19] Interview Roger P.

„Am Dienstag, den 10. Dezember 13, führten zwei Fahrradpolizisten auf dem kleinen Raucherplatz der KBW während der Schulzeit eine Personenkontrolle bei einem Schüler durch. Die wütende Reaktion eines anderen Schülers führte in der Folge zu einer kleinen Auseinandersetzung zwischen der Polizei und dem reklamierenden Schüler und hatte eine Busse in der Höhe von 80 Franken zur Folge. Nun stelle ich mir die Frage ob eine Personenkontrolle auf einem offiziellen Raucherplatz einer Schule in Ordnung geht und wie weit die Polizei bei solchen Kontrollen gehen kann. Zuerst möchte ich auf die erste Frage eingehen. Der Schüler, der kontrolliert wurde hielt sich zum Zeitpunkt der Kontrolle auf dem kleinen Raucherplatz auf und rauchte eine Zigarette. Zwei Fahrradpolizisten gingen auf ihn zu, durchsuchten seine Taschen und verlangten nach seinem Ausweis (zur Beurteilung ob die Kontrolle gerechtfertigt ist, spielt der eingreifende Schüler keine Rolle). Nun möchte ich meine eigene Meinung einbringen. Ich persönlich finde es unangebracht und falsch, dass Polizisten solche Kontrollen bei Schülern an einer Schule durchführen. Entscheidend dabei ist für mich, dass es keinen Anlass dazu gab irgendeinen Verdacht zu hegen, der Schüler rauchte schliesslich nur eine Zigarette auf einem von der Schule gekennzeichneten Raucherplatz. Einsätze der Polizei in Form einer Ausweiskontrolle sind zwar überall und immer erlaubt, doch braucht es, auch wenn es die Polizei ist, eine gewisses Augenmass zur Beurteilung ob ein Einschreiten angebracht ist. Dieses war hier, sowohl bei der Kontrolle als auch im Nachhinein nicht vorhanden. Die Kontrolle, vor den Augen seiner MitschülerInnen und LehrerInnen, war für mich mehr eine Blossstellung als ein Mittel zur Wahrung der Sicherheit oder zur Verhinderung von kriminellen Aktionen und hat weder der Polizei, noch dem Schüler einen Gefallen getan.“[20]

Ich möchte nicht gross weiter auf den Vorfall eingehen, da ich ihn selbst nicht miterlebt habe. Es wurde in einem Kommentar des Blogs von einem weiteren Schüler vermutet, dass die Schulleitung die Polizei beauftragte, die Rauchertreppe im Blick zu halten, weil vereinzelte Schüler dort hin und wieder gekifft haben. Meines Erachtens legitimiert dies die Polizeimassnahme jedoch keinesfalls, da der Schüler gemäss Blogeintrag nichts weiter tat, als auf der Rauchertreppe zu rauchen – und den Konsum von Cannabis hätten die Anwesenden ja aufgrund des Geruchs ja sicher festgestellt.

Was können Jugendliche tun, wenn sie ohne Begründung und zu Unrecht kontrolliert werden? Roger P. weist auf die Wichtigkeit des beidseitigen Respekts hin: „Was immer wichtig ist, ist freundlich zu bleiben. Sagen Sie den Polizisten, dass sie wissen möchten, warum Sie jetzt kontrolliert werden. Schauen Sie wie er reagiert. Wenn er schlau ist, erklärt er es Ihnen ganz normal und verzichtet eventuell sogar auf die Kontrolle. Wie gesagt, der Anstand und der Respekt auf beiden Seiten sind das wichtigste. Es kann sein, dass sie trotzdem nicht die erwünschte Reaktion erfahren, es ist jedoch möglich, dass der Polizist im Nachhinein im Auto darüber nachdenkt und einsieht, dass er einen Fehler gemacht hat und daraus lernt“.[21]

Störungsmeldungen und „Hotspots“ stellen wohl den Hauptgrund für Personenkontrollen dar und werden im Kapitel 4.5 näher behandelt. Neben diesen zwei Auslösern gibt es aber drittens, immer wieder vorkommend, die spontanen Personenkontrollen, beispielsweise an abgelegenen Orten wie in kleinen Parks, die nicht als Hotspot gelten, am Waldrand oder sogar irgendwo auf dem Heimweg. Das Kapitel 4.4 bezieht sich vorwiegend auf Personenkontrollen spontaner Veranlassung.

---

[20] „Aktuelles: Totale Kontrolle überall oder doch noch Rauchen auf dem Schulhof?“ Kantonsschule Büelrain Winterthur.
[21] Interview Roger P.

Als ich Roger P. vom Vorfall vom 21. Februar 2016 erzählte und ihn nach seiner Einschätzung der Verhältnismässigkeit der Durchführung einer solchen Kontrolle bis in den Intimbereich fragte, beteuerte er: „Nein, das geht definitiv nicht. Diese Halle ist ein Hotspot und bei den Jugendlichen, die sich dort aufhalten, wird höchstens ein Blick in ihre Rucksäcke geworfen. Aber eine Leibesvisitation vor Ort geht nicht. Dafür braucht es einen starken Verdacht, zum Beispiel, wenn Sie während einer Kontrolle davonrennen würden. Dann wäre eine weitergehende Kontrolle verhältnismässig. Selbst in solch einem Fall muss die Leibesvisitation aber hier auf dem Posten geschehen und nicht in der Öffentlichkeit. Aber gerade wenn der Verdacht auf Spray-Dosen-Besitz basiert, reicht üblicherweise das Abtasten bzw. die Effektenkontrolle.“[22] (Übrigens: Die Umfrage hat ergeben, dass 15,2% aller Befragten, die bereits in einer Personenkontrolle verwickelt waren, Zeuge einer Leibesvisitation in der Öffentlichkeit wurden)

Was genau ist ein „Hotspot"? Ein Hotspot entsteht, wenn eine Person, z.B. der Hauswart oder ein Anwohner, bei der Polizei Littering, Beschädigung oder regelmässige illegale Aktivitäten an einem öffentlich zugänglichen Ort meldet. Roger P. erläutert hierzu ein aktuelles Beispiel: „Vor kurzem hat uns die ZHAW kontaktiert und meldete uns das Problem, dass sie vor den Gebäuden 15b und 17, gegenüber dem Schulhaus St. Georgen, jedes Wochenende nicht nur Littering, sondern auch Scherben und andere Schäden zu beklagen hätten. Folglich setzen wir diesen Ort auf eine Liste und kontrollieren diesen regelmässig. Die ZHAW stellte zusätzliches Sicherheitspersonal ein, das ebenfalls berechtigt ist, bei auffallenden Aktivitäten, die Polizei einzuschalten. Vor fünf bis sechs Jahren waren auf dieser Liste um die 50 bis 60 Orte in ganz Winterthur, heute sind es etwas weniger.“[11]

Die App „Jugendinfo" der Mobilen Jugendarbeit Winterthur MOJAWI deklariert im Abschnitt Polizeiliche Durchsuchungen im öffentlichen Raum: „Wenn der Verdacht besteht, dass du eine Straftat begangen hast (Drogenkonsum, Sachbeschädigung), hat die Polizei das Recht, dich zu durchsuchen. Das kann auch passieren, wenn du dich öfters an einem Ort aufhältst, an dem Drogen konsumiert oder verkauft werden.“[23]

Bei Hotspot-Kontrollen an Orten, an denen regelmässig Drogen konsumiert und gehandelt werden, ist es folglich rechtmässig, eine Personenkontrolle durchzuführen, ohne dass sich die kontrollierte Person auffallend verhalten hätte. Meines Erachtens bleibt fraglich, ob diese Vorgehensweise effizient und sinnvoll ist. Viele Jugendlichen reagieren auf eine solche, nach ihrem Empfinden ungerechte Behandlung durch die Polizei sehr emotional, was in gewissen Fällen in unnötigen Provokationen endet. Auf jeden Fall bildet die Wahrnehmung der Jugendlichen, von der Polizei nicht gerecht behandelt zu werden, den Nährboden für ihr Misstrauen und ihre Ablehnung der Polizei gegenüber. Schliesslich wissen die Jugendlichen nicht, welche Orte als Hotspot gelten. Sollten sich Jugendliche an einem Ort aufhalten, an dem sie nicht sein dürften, und sollte es keine Anzeichen auf eine strafbare Handlung geben, so wäre doch eine Identitätskontrolle mit anschliessender Wegweisung im Normalfall

---

[22] Interview Roger P.

[23] „Hau ab! – 1. Polizei – 2. Öffentlicher Raum – 3. Durchsuchen". *Jugendhilfe App der MOJAWI.*

ausreichend. Ich weiss wie die meisten Jugendlichen reagieren, wenn sie nicht nachvollziehen können, warum sie kontrolliert wurden. Sie reagieren wütend. Die Wahrscheinlichkeit, dass die jeweiligen Jugendlichen sich nicht erneut an diesem Ort niederlassen, wäre meiner Überzeugung nach grösser, wenn sie lediglich freundlich weggewiesen würden. Weitergehende Massnahmen könnten dann ergriffen werden, wenn die Betroffenen die Wegweisung nicht verfolgen oder den Polizisten nicht mit dem zu erwartenden Anstand entgegentreten. Selbst eine Personalienaufnahme mit der Warnung, bei wiederholtem Antreffen eine Anzeige wegen Hausfriedensbruchs zu riskieren, wäre zielführender als die Durchführung einer Personenkontrolle.

Wer sich an einem Hotspot aufhält, der muss damit rechnen, dass er kontrolliert wird. Nur hatten wir uns bei eingangs erwähntem Vorfall nicht längerfristig in der Halle aufgehalten, sondern wollten sie lediglich passieren. Bei knapp 50 Orten in der ganzen Stadt Winterthur, die als Hotspot gelten, schränkt sich der öffentliche Raum für Jugendliche massgeblich ein, vor allem, wenn bereits das Passieren als verdächtig gewertet wird. An den Wochenenden bleibt den Jugendlichen lediglich die Wahl zwischen einer Bar in der Stadt, abgelegenen Orten oder dem Zuhausebleiben. Sonst läuft man Gefahr, sich an einem Hotspot niederzulassen und den Abend nicht ohne Personenkontrolle geniessen zu können. Denn gerade an den Wochenenden wird diese Hotspot-Liste regelmässig abgefahren: „Jeden Freitag und Samstag von 20:00 Uhr bis 05:00 Uhr sind zwei Vans unterwegs. Das ist die sogenannte Schwerpunkt-Patrouille, an der auch ich immer wieder mal beteiligt bin. Diese Patrouille fährt effektiv diese Hotspot-Liste ab. Dies geschieht nicht immer zeitgleich und die Orte sind nach Priorität geordnet. Dabei führen wir Protokoll, an welchen Plätzen es ruhig und sauber war und an welchen wir Personen angetroffen haben. Diese Daten werden gesammelt und wenn einer dieser Orte unauffällig bleibt, dann fällt er eine Prioritätsstufe hinunter. Diese Hotspots basieren auf Meldungen aus der Bevölkerung, von Hausabwarten, Förstern, Anwohnenden usw. Das Sankt-Georgen-Schulhaus ist auch hier wieder ein gutes Beispiel, da es eigentlich konstant auf der obersten Prioritätsstufe bleibt. Dort habe ich sehr oft eigentlich immer Leute auf, obwohl ich auch schon Stunden mit dem Nachtsichtgerät verharrt habe und niemand auftauchte. Wir kamen auch schon vorbei als dort ein „Puff" war, welches wir aufgeräumt haben. Und als wir drei Stunden später wiederkamen, war wieder die gleiche Unordnung wie beim ersten Mal, aber wieder alle weg", so P.[24]

85,5% aller Befragten, die mindestens eine Personenkontrolle erlebt haben, wurden mindestens einmal an einem öffentlichen Ort wie am Bahnhof oder in der Marktgasse kontrolliert. 38% wurden auch schon an abgelegenen Orten kontrolliert. Wie oft halten sich diese Personen im öffentlichen Raum auf? Folgendes Diagramm weist die Antworten der Umfrage auf:

---

[24] Interview Roger P.

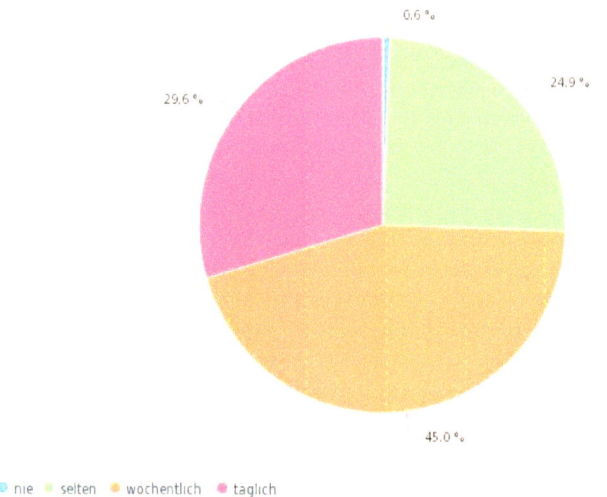

Wie oft halten Sie sich während Ihrer Freizeit an offentlichen Platzen wie Schulhöfen, Bahnhöfen, in der Altstadt (Kirchenplätze, Marktgasse etc.), in grösseren Pärken etc. auf?

0.6 %

24.9 %

29.6 %

45.0 %

● nie ● selten ● wöchentlich ● täglich

Abbildung 4 Kriterium: Durchschnittlich mindestens einmal jährlich von PK betroffen

Ziemlich genau drei Viertel aller Befragten, die durchschnittlich mindestens einmal kontrolliert werden, halten sich wöchentlich, ein Drittel davon sogar täglich, an öffentlichen Orten auf. Beachtet man nur jene Befragte, die durchschnittlich mindestens viermal jährlich kontrolliert werden, sieht das Diagramm neu folgendermassen aus:

Wie oft halten Sie sich während Ihrer Freizeit an öffentlichen Plätzen wie Schulhöfen, Bahnhöfen, in der Altstadt (Kirchenplätze, Marktgasse etc.), in grösseren Pärken etc. auf?

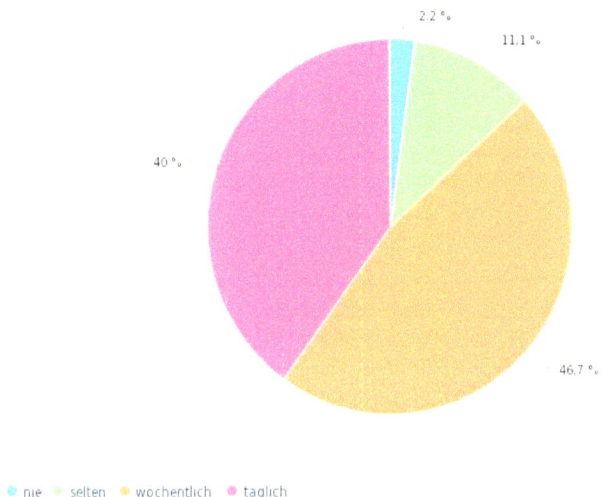

2.2 %

11.1 %

40 %

46.7 %

● nie ● selten ● wochentlich ● taglich

Abbildung 5 Kriterium: Durchschnittlich mindestens viermal jährlich von PK betroffen

Die Regelmässigkeit des Aufenthalts an einem öffentlichen Ort und der Kleidungsstil „Street Wear" scheinen eine Korrelation mit der Häufigkeit, kontrolliert zu werden, aufzuweisen.

Ich erkläre mir dieses Ergebnis dadurch, dass eine Grosszahl von „Intensivkiffern" genau dieses Verhaltensmuster aufweist. Dementsprechend würde eine Profilorientierung bei der Durchführung spontaner Personenkontrollen die Erfolgschancen steigern.

„In bestimmten öffentlichen Räumen in der Innenstadt, den meistfrequentierten Räumen, an der Zürcher Bahnhofstrasse zum Beispiel oder im Hauptbahnhof, ist es verdächtig geworden, wenn man sich nicht bewegt"[25], so Daniel Moeckli im Interview mit der Wochenzeitung. Die sich an solchen öffentlichen Orten aufhaltenden Jugendlichen stellen bezüglich dieser Aussage wohl ein sehr zutreffendes Beispiel dar.

---

[25] „Es gibt kein Recht darauf, sich im Bahnhof nicht gestört zu fühlen". *Die Wochenzeitung*

Hotspot-Kontrollen und auf Anrufen von Abwarten, Anwohnern usw. basierende Personenkontrollen bilden wohl den grössten Anteil aller durchgeführten Personenkontrollen. Einerseits ist es bestimmt notwendig, Sachbeschädigung, Littering sowie den Drogen-Handel durch das regelmässige Kontrollieren der als Hotspot eingestuften Orte einzudämmen, andererseits heisst das gleichzeitig für alle Personen, die sich an einem solchen Ort aufhalten, dass sie alleine durch ihre dortige Anwesenheit einen Anfangsverdacht auf eine strafbare Handlung im Sinne von Artikel 215 der Strafprozessordnung rechtfertigen und somit jederzeit kontrolliert werden dürfen.

Ich halte diese „Hotspot-Legitimierung" für problematisch, denn niemand ausser der Polizei kann wissen, welche Orte tatsächlich als Hotspot gelten. Dieses permanente Risiko eine Personenkontrolle zu provozieren, sobald man sich an einem öffentlichen Ort niederlässt, wirkt sich auf meine Freizeitgestaltung aus – und nicht nur auf meine. Während 82,6% aller Befragten angeben, Personenkontrollen hätten am Tage keinen Einfluss auf ihre Freizeitgestaltung, sind es unter jenen Befragten, die durchschnittlich mindestens einmal pro Jahr kontrolliert werden, nur noch 63,9%. In der Nacht sind es insgesamt 66,3% aller Befragten, auf die Personenkontrollen keinen Einfluss auf deren Freizeitverhalten haben, jedoch nur 44,4% unter jenen, die durchschnittlich mindestens einmal pro Jahr kontrolliert werden. Die Personenkontrollen haben auf das Ausgangsleben von beinahe jedem zweiten befragten Jugendlichen der Stadt Winterthur und naher Umgebung somit einen Einfluss. Aus eigener Erfahrung sehe ich diesen unangenehme Erwartung, jederzeit kontrolliert werden zu können, durchaus als einen psychologischen Einfluss an. Mit anderen Worten: der psychologische Aspekt beeinflusst das Verhalten. Unter den anderen Antworten, die 3,3% ausmachen, befinden sich Aussagen wie:
* „Ich achte darauf, dass ich Plätze besuche, die weniger von PK betroffen sind"
* „Je nach Kenntnis der Plätze über mögliche PK"
aber auch:
* „Ich befinde mich in der Nacht selten weg von Zuhause"
* „Sie beeinflussen mein Freizeitverhalten gar nicht."

Wie beeinflussen spontane Polizeikontrollen Ihr Freizeitverhalten bei Nacht? (im Ausgang)

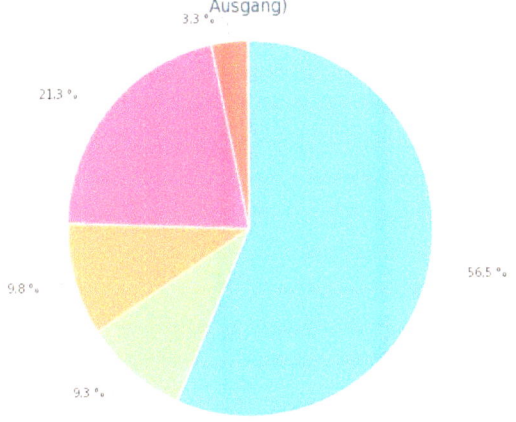

3.3 %

21.3 %

9.8 %

9.3 %

56.5 %

- PK haben keinen Einfluss auf mein Freizeitverhalten
- Ich verbringe meine Freizeit möglichst selten an öffentlichen Plätzen um spontanen PK bewusst zu entgehen
- Ich verbringe meine Freizeit sowieso nicht an öffentlichen Plätzen
- Ich verbringe meine Freizeit oftmals an öffentlichen Plätzen und nehme das Risiko, von PK betroffen zu werden, in Kauf
- Andere Antwort

Abbildung 6 Kein Kriterium: Antworten aller Befragten

Immerhin 9,3% lassen sich durch Personenkontrolle aus dem öffentlichen Raum ef-fektiv verdrängen. Roger P. konnte, seit er seinen Job begonnen hatte, sogar ei-nen bemerkbaren Rückgang der Anzahl Jugendlichen, vor allem in der Altstadt, fest-stellen: „Als ich mit meinem Job begonnen habe, waren überall in der Stadt Jugendli-che. Wenn man sie fragte, warum sie nicht in den Jugendtreff gingen, meinten diese, dort habe es zu viele „Schippis"[26]. Diese Jugendliche hielten sich folglich im öffentli-chen Raum auf, was zu Meldungen aus der Bevölkerung bei der Polizei führte. Man kontrollierte und vertrieb sie, worauf man sie an einem anderen Ort wieder durch ei-ne weitere Meldung wiederfand. Wir wollten diese Jugendlichen nicht vertreiben, sondern lediglich, dass sie sich normal verhalten. Wir haben oft mit ihnen gespro-chen und ihnen beibringen wollen, dass dies keine Lösung sein kann. Die Jugend muss sich irgendwo entfalten können, aber nicht indem sie Littering betreibt. Ich möchte noch anmerken, dass heutzutage leider auch immer direkt die Polizei ange-rufen wird, statt zu versuchen, mit den Jugendlichen direkt zu kommunizieren. Die Jungen müssen irgendwo sein, dies jedoch mit dem Bewusstsein, wo die Grenzen sind. Und das muss jemand diesen Jugendlichen beibringen, ob das jetzt der Vater, die Mutter, der Lehrer, der Hauswart oder die Polizei ist. (...) Aber die Absicht, die Jugendlichen zu vertreiben, haben wir auf keinen Fall. Wir haben viel weniger Ju-gendliche da draussen als noch vor zehn Jahren und auch ich frage mich, wo diese hingingen."

---

[26] Albaner (umgangssprachlich)

Der Zürcher Staatsrechtler Daniel Moeckli steht Wegweisungen und Rayonverboten kritisch gegenüber. Dazu ein kurzer Ausschnitt aus dem Interview mit Moeckli aus der Wochenzeitung:

In der Diskussion um Rayonverbote und Wegweisungen sagte die heutige St. Galler Ständerätin Karin Keller-Sutter einmal, diese Werkzeuge schützten «die Freiheit der Anständigen». Ist das juristisch korrekt?
In einem liberalen Rechtsstaat gibt es im öffentlichen Raum kein Recht darauf, nicht Anstoss nehmen zu müssen am Verhalten oder der Präsenz anderer Leute. Es gibt kein Recht darauf, sich nicht gestört zu fühlen, wenn man durch den Bahnhof geht. Sollte sich diese Haltung durchsetzen, dann würde dies schon fast das Ende des liberalen Rechtsstaats bedeuten. Dann gibt es keine Freiheit mehr. Aber schreiben Sie das bitte nicht so.
Warum nicht?
Weil es eine Zuspitzung ist. Und weil mit dieser Begründung jeder Grundrechtseingriff das Ende des Rechtsstaats bedeuten würde, und das ist nicht der Fall. Wegweisungen können ja auch gerechtfertigt sein, insbesondere dann, wenn eine Gruppe einen Teil des öffentlichen Raums so in Beschlag nimmt, dass er von den andern nicht mehr benutzt werden kann. Nehmen Sie das Beispiel Platzspitz.
Was haben Sie denn gemeint?
Dass das Ende des Rechtsstaats droht, wenn es zur Regel wird, wenn man gestützt auf das subjektive Sicherheitsempfinden Grundrechte einschränkt.[27]

---

[27] „Es gibt kein Recht darauf, sich im Bahnhof nicht gestört zu fühlen". *Die Wochenzeitung*

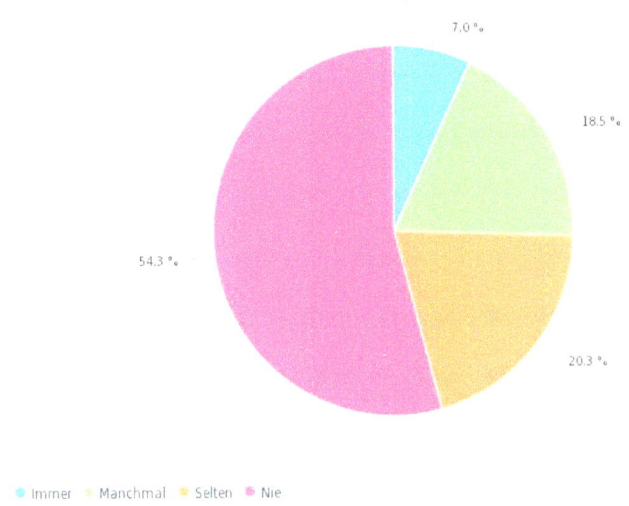

Wenn Sie sich in Ihrer Freizeit an einem öffentlichen Ort niederlassen wollen, überlegen Sie sich dann, ob die Wahrscheinlichkeit, von einer spontanen Polizeikontrolle an diesem Ort betroffen zu werden, zu hoch ist und wechseln dann eventuell sogar den Niederlassungsort?

7.0 %

18.5 %

54.3 %

20.3 %

● Immer ● Manchmal ● Selten ● Nie

Abbildung 7 Kein Kriterium. Antworten aller Befragten

Das Diagramm passt gut zum Ergebnis der vorgehenden Einflussfrage überein. Es zeigt sich, dass lediglich die Hälfte der Befragten nie das Risiko einer möglichen Polizeikontrolle am jeweiligen Ort der Niederlassung abschätzen, ein Fünftel sich jedoch nur selten diese Frage stellt.

Zusammenfassend halte ich fest, dass Personenkontrollen durch die Stadtpolizei zwar keinen grossen, aber auch keinen unbedeutenden Einfluss auf das Freizeitverhalten der Winterthurer Jugend haben. Wenn man sich noch nie in einer Personenkontrolle befunden hat, stellt man sich vielleicht die Frage, was daran so schlimm sein kann. Man könnte denken, wenn man nichts Illegales bei sich hat, dann muss man sich auch vor nichts fürchten. An dieser Stelle sollte man sich selbst fragen, wie angenehm es sein muss, lediglich aufgrund der eigenen Erscheinung, oder wegen dem Ort, an dem man sich aufhält, jederzeit kontrolliert werden zu können. Solche Kontrollen dauern meist zwischen 15 und 30 Minuten. Man darf sich kaum bewegen und egal was man vorhat, man darf erst dann weitergehen, wenn alle Formalitäten erledigt sind; auch wenn man nichts verbrochen hat. Eine Personenkontrolle zu erleben ist nichts Angenehmes und wenn sie mehrmals jährlich vorkommen, sogar sehr störend. Es bleibt unbedingt, die Arbeit der Polizei, genauso wie die Polizisten während einer Kontrolle, zu respektieren. Diese Männer und Frauen setzen sich tagtäglich für unser sicheres Zusammenleben ein und verdienen keinesfalls diesen Hass, der von einzelnen Jugendlichen ihnen gegenüber an den Tag gelegt wird. Die Notwendigkeit des Schutzes des öffentlichen Raumes vor Littering und Sachbeschädigung steht ausser Frage, trotzdem sollte diesbezüglich unter allen Umständen die Verhältnismässigkeit beachtet werden. Sie ist ein Grundpfeiler unseres Rechtsstaates.

Leibesvisitation in der Öffentlichkeit

Die rechtliche Analyse des Vorfalles vom 21.02.2016 hat ergeben, dass sich die Polizei in mehreren Punkten unverhältnismässig und gesetzeswidrig verhalten hat, in erster Linie durch die Leibesvisitation. Eine Intimbereichskontrolle in der Öffentlichkeit ist gesetzeswidrig und hat auf dem Posten zu erfolgen. Dafür braucht es einen starken Verdacht. Die reine Vermutung, dass sich eine illegale Droge im Intimbereich befindet, deren Besitz bis zu zehn Gramm mit Ordnungsbusse bestraft wird, stellt keinen solchen genügenden Verdacht dar. Von den 400 befragten Jugendlichen waren 28 mindestens einmal Zeuge einer Leibesvisitation in der Öffentlichkeit.

Jugend als Sicherheitsrisiko

Herumhängende Jugendliche gelten für die Winterthurer Bevölkerung als zweitgrösstes Sicherheitsrisiko. Es ist zu vermuten, dass dies einen Einfluss auf die Polizeipolitik der Stadt Winterthur hat, sprich mehr Kontrollen und mehr Wegweisungen erfolgen. Es gibt Jugendliche, genauso wie Erwachsene, die ein Sicherheitsrisiko darstellen können. Die Jugend darf aber nicht allgemein mit Gewalt, Littering, Vandalismus und Drogen gleichgesetzt werden.

Cannabis als Legitimation

Cannabis ist eine Droge, die weniger schädlich ist als Alkohol, über derer Legalisierung immer wieder debattiert wird und deren Besitz in geringfügiger Menge mit Ordnungsbusse bestraft wird. Trotzdem stellt der Verdacht auf Cannabis-Besitz den mit Abstand am häufigsten genannten Verdacht bei Personenkontrollen dar. Sogar die bereits erwähnte Intimbereichskontrolle basierte auf diesem Verdacht. Obwohl die Polizei eine „Jagd nach Drogen" abstreitet, sieht es für uns Jugendlichen genau danach aus.

Der Tatverdacht

Eine Personenkontrolle darf lediglich „im Interesse der Aufklärung einer Straftat" durchgeführt werden. Es bedarf hierzu eines Tatverdachts, der auf klaren Anhaltspunkten basiert. Reine Vermutungen oder die Möglichkeit der Tatbegehung begründen keinen solchen Tatverdacht. Trotzdem zeigt die Umfrage, dass lediglich jede zweite Personenkontrolle begründet wird und nur jede vierte Personenkontrolle für die Betroffenen nachvollziehbar ist. Bei der Durchführung von Personenkontrollen sollte mehr auf die Verhältnismässigkeit geachtet werden.

Hotspots

Einzelne Orte in der Stadt Winterthur stellen einen Hotspot dar. Ein Hotspot entsteht, wenn der Polizei aus der Bevölkerung gemeldet wird, dass am jeweiligen Ort wiederholt Littering, Sachbeschädigung, Drogenhandel oder andersartige illegale Aktivitäten stattfinden. Hält man sich an einem solchen Hotspot auf, reicht dies als Anfangsverdacht für eine Effektenkontrolle aus. Das problematische daran ist, dass niemand ausser der Polizei weiss, welche Orte als Hotspots gelten.

Street-Wear

Rund die Hälfte aller Winterthurer Jugendlichen trägt Street-Wear-Kleidung. Die Umfrage zeigt, dass die durchschnittliche Häufigkeit jährlich kontrolliert zu werden, proportional zum Anteil Street-Wear-Tragender steigt. Dies hängt wohl mit der Tatsache zusammen, dass der Street-Wear-Kleidungsstil unter „Kiffern" überaus beliebt ist. Eine höhere Erfolgschance beim Auffinden von Cannabis rechtfertigt jedoch keinesfalls ein Profil-orientiertes Vorgehen.

Personenkontrollen beeinflussen die Freizeit der Jugendlichen

Je mehr man sich an öffentlichen Orten aufhält, desto mehr läuft man Gefahr, kontrolliert zu werden. Die Umfrage zeigt, dass dies dazu führt, dass einige Jugendliche den öffentlichen Raum aus Angst vor Personenkontrollen meiden. Der Grossteil nimmt das Risiko kontrolliert zu werden jedoch in Kauf, weil sie sich nicht beeinflussen lassen wollen. Der Gedanke, jederzeit kontrolliert werden zu können, auch wenn man nichts Illegales auf sich trägt oder tut, ist unangenehm und sollte nicht sein. Die Jugendlichen müssen ihre Freizeit gestalten können. Wenn sie sich dabei anständig und gesetzesgetreu verhalten, sollte dies im öffentlichen Raum möglich sein, ohne sich vor spontanen Personenkontrollen fürchten zu müssen.

Hiermit erkläre ich, dass ich die vorliegende Arbeit nach den üblichen Gepflogenheiten des wissenschaftlichen Arbeitens verfasst habe, d.h. im Besonderen:

- Ich habe diese Arbeit selbstständig verfasst.
- Alle Hilfsmittel, die ich gebraucht habe, sind angegeben.
- Alle wörtlichen und sinngemässen Übernahmen aus anderen Werken sind als solche gekennzeichnet.
- Personen, die einen wesentlichen Beitrag zu dieser Arbeit geleistet haben, habe ich ebenfalls erwähnt.

Ich bedanke mich ganz herzlich bei...

...Teresa Zulli, für alle Tipps, den Freiraum den sie mir liess und für die überaus unkomplizierte Betreuung dieser Arbeit.

...Roger P., für seine Offenheit, die nicht selbstverständlich ist, und die für das Interview genommene Zeit.

...Samuel Huber und Stefan Hostettler, für das Gegenlesen der Arbeit.

...Karin Fischer, für die juristische Mithilfe, die Verbesserungsvorschläge, die Nerven in kriselnden Zeiten und vor allem für den entscheidenden Vorschlag, die Einengung des öffentlichen Raumes in meiner Maturarbeit zu untersuchen.

...jedem einzelnen, der sich die Zeit genommen hat, meine Umfrage auszufüllen.

Persönliches Schlusswort

Mittlerweile bin ich froh, dass ich diesen Vorfall vom 21.02.2016 erlebt habe. Ohne diesen wäre es wohl nie zu dieser Arbeit gekommen. Ich hoffe, dass die Politik und vor allem die Stadtpolizei Winterthur die aufgezeigten Probleme rund um die Personenkontrollen nicht nur zur Kenntnis nehmen, sondern ihr Vorgehen überdenken. Insbesondere dort, wo die Durchführung von spontanen Personenkontrollen nicht mehr verhältnismässig sind und gleichzeitig einen grossen Einfluss auf das Freizeitverhalten von Jugendlichen haben, muss es meines Erachtens sowohl die Politik als auch die Polizei interessieren.

Eine Verbesserung kann aber nur erreicht werden, wenn beide Seiten, sowohl Polizei als auch die Jugendlichen, sich dafür engagieren und bereit sind, entsprechende Veränderung anzustreben. Sollte dieser verbreitete und teilweise radikale Polizei-Hass nicht ein Ende nehmen, dann darf auch keine Besserung zu erwarten sein. Dies heisst in erster Linie gegenseitigen Respekt und Anstand zu zeigen. Und dafür stehe ich mit dieser Arbeit ein.

Rechtskommentare:

* Hansjakob, Thomas: Kommentar zur Schweizerischen Strafprozessordnung (StPO) - *Art. 250 Durchführung*. 2. Auflage. Schulthess Juristische Medien AG, 2014
* Jositsch, Daniel und Michaela Lewandowski: *Die Rolle des Tatverdachts bei der Anordnung von Zwangsmassnahmen.* 2015
* Riklin, Franz: *StPO Kommentar Schweizerische Strafprozessordnung mit JStPO, StBOG und weiteren Erlassen - Art. 215 Polizeiliche Anhaltung*. 2. überarbeitete Auflage 2014. Orell Füssli Verlag AG, 2014
* Riklin, Franz: *StPO Kommentar Schweizerische Strafprozessordnung mit JStPO, StBOG und weiteren Erlassen - Art.250 Durchführung*. 2. überarbeitete Auflage 2014. Orell Füssli Verlag AG, 2014

Internet- und App-Quellen:

* „Aktuelles: Totale Kontrolle überall oder doch noch Rauchen auf dem Schulhof?". *Kantonsschule Büelrain Winterthur.* k.A. 18.11.16 http://www.kbw.ch/blog_detail-n379-i2803-sD.html
* „Dokumentation: Medienmitteilungen: Ordnungsbusse bei Cannabiskonsum". *Der Bundesrat.* k.A. 16.11.16 https://www.admin.ch/gov/de/start/dokumentation/medienmitteilungen.msg-id-49053.html
* „Hau ab! – 1. Polizei – 2. Öffentlicher Raum – 3. Durchsuchen". *Jugendhilfe App der MOJAWI.* k.A. 21.11.16 (App)
* „Stadtpolizei: Organisation – Vom Leitsatz bis zur Vision". *Stadt Winterthur.* k.A. 10.11.16. http://stapo.winterthur.ch/organisation/ (Website wurde erneuert bzw. neu organisiert)

Interviewquellen:

- P., Roger. *Dienstchef des Jugenddienstes der Stadtpolizei Winterthur*. Interview vom 12.09.16, geführt von Robin Huber

Zeitungsquellen:

- Bächthold, Jakob: „Cannabis lässt den Rat kalt". *Der Landbote*. 02.03.16. S. 4
- Plüss, Mirko: „Vandalismus als Hauptsorge". *Der Landbote*. 02.03.16. S. 5
- Ryser, Daniel; Landolt, Noemi: „Es gibt kein Recht darauf, sich im Bahnhof nicht gestört zu fühlen". *Die Wochenzeitung*. 14.08.14. https://www.woz.ch/-52b8

Umfrage:

- Teilnehmende: 400 Jugendliche im Alter von 16 bis 25 Jahre aus der Stadt Winterthur und naher Umgebung, durchgeführt zwischen dem 02.11.16 und dem 17.11.16

Abbildungen:

- Alle Diagramme stammen unbearbeitet aus der Umfrage-Website www.survio.com

Interview mit Roger P., Dienstchef Jugenddienst (12.09.2016)

Herr P., Sie sind Dienstchef des Jugenddienstes der Stadtpolizei Winterthur. Was sind denn die Aufgaben des Jugenddienstes?
Die Polizei-Abteilung Jugenddienst gibt es seit 2001. Momentan bestehen wir aus neun Mitarbeitern und arbeiten nach dem 5-Säulen-Prinzip: Die Prävention, Früherkennung, Vernetzung, Repression und Nachbetreuung. Um weiter darauf einzugehen, bräuchte ich wohl mehr als eine Stunde. (schmunzelt)

Mit welchen Arten von Vergehen bzw. Gesetzesverstössen von Jugendlichen haben Sie es am meisten zu tun?
Vor fünf Jahren war das grösste Problem der Winterthurer Jugend die Gewalt, heute sind es vielmehr die illegalen Drogen. Ein weiteres grosses Problem, das oftmals mit den Drogen zusammenhängt, ist das regelmässige Littering und das Randalieren gewisser Jugendgruppen an öffentlichen Orten wie Schulhöfen oder Pärken.

Wird diese Drogen-Problematik, bzw. der Drogenkonsum und –handel, dementsprechend auch hauptsächlich verfolgt?
Eine hauptsächliche Verfolgung im Sinne einer „Jagd nach Drogen" gibt es nicht. Die Frage, wieso wir Jugendliche kontrollieren, beantworte ich Ihnen gerne mit einem Beispiel. Vor kurzem hat uns die ZHAW kontaktiert und meldete uns das Problem, dass sie vor den Gebäuden 15b und 17, gegenüber dem Schulhaus St. Georgen, jedes Wochenende nicht nur Littering, sondern auch Scherben und andere Schäden zu beklagen hätten. Folglich setzen wir diesen Ort auf eine Liste und kontrollieren diesen regelmässig. Die ZHAW stellte zusätzliches Sicherheitspersonal ein, die ebenfalls berechtigt sind, bei auffallenden Aktivitäten, die Polizei einzuschalten. Vor fünf bis sechs Jahren waren auf dieser Liste um die 50 bis 60 Orte in ganz Winterthur, heute sind es bisschen weniger.

Ich habe in mehreren Fällen persönlich erlebt, dass Personenkontrollen ohne Beachtung des notwendigen Tatverdachtes nach Art. 215 StPO durchgeführt werden. Ich persönlich wurde um die 20 Mal gefilzt, ohne dass bei mir jemals Illegales gefunden worden wäre. Würden Sie bestätigen, dass die Polizei in diesen Fällen oftmals nach Gruppenprofilen im Sinne eines Social Profiling und teilweise auch Racial Profiling ihre Durchsuchungen durchführt?
Nein, wir führen unsere Kontrollen nicht nach spezifischen Profilen durch. Jeder Polizist sollte selbst vernünftig urteilen können, wo eine Kontrolle nötig sein könnte und wo nicht. Wenn ich einen Jugendlichen sehe und ich sein Verhalten für auffällig halte, dann fordere ich ihn auf, seine Säcke zu leeren. Es kann aber auch sein, dass wir uns bei unauffälligem Verhalten gegen eine Kontrolle entscheiden. Ich ging auch schon auf Jugendliche zu, nur um mit Ihnen zu sprechen. Wenn die Jugendlichen vernünftig antworten und höflich bleiben, dann verschwinden wir wieder, wenn sie frech werden oder sich nicht normal verhalten, dann führen wir eine Kontrolle durch. Es arbeitet nicht jeder gleich. Ich arbeite beim Jugenddienst, wahrscheinlich gehe ich etwas anders auf Jugendliche zu als andere Polizisten.

Einmal sass ich zum Beispiel mit meinem arabisch aussehenden Schulfreund in der Mittagspause Früchte essend mit Schulsack im Stadtpark beim Schulhaus Altstadt, bis uns drei Velopolizisten spontan durchsuchten. Ein Tatverdacht war für uns nicht ersichtlich und die Kontrolle wurde auch nicht begründet. Wie beurteilen Sie solche spontane, unbegründete Kontrollen?

Grundsätzlich darf er beim Schulhaus Altstadt eine Kontrolle durchführen, weil auch dieser Ort auf der bereits erwähnten Liste steht. Ein Polizist sollte aber fähig sein, vernünftig zu urteilen, bei welchen Personen ein verdächtiger Anhaltspunkt vorhanden ist und bei welchen nicht.

Was können Jugendliche tun, wenn sie ohne Begründung und zu Unrecht kontrolliert werden?

Was immer wichtig ist, ist freundlich zu bleiben. Sagen Sie den Polizisten, dass sie wissen möchten, warum Sie jetzt kontrolliert werden. Schauen Sie wie er reagiert. Wenn er schlau ist, erklärt er es Ihnen ganz normal und verzichtet eventuell sogar auf die Kontrolle. Wie gesagt, der Anstand und der Respekt auf beiden Seiten sind das wichtigste. Es kann sein, dass sie trotzdem nicht die erwünschte Reaktion erfahren, es ist jedoch möglich, dass der Polizist im Nachhinein im Auto darüber nachdenkt und einsieht, dass er einen Fehler gemacht hat und daraus lernt.

Eine weitere fragliche Durchsuchung musste ich in der Katarina-Sulzer-Halle erleben, als zwei Polizisten uns mit dem Auto den Weg abschnitten. Wir waren auf dem Heimweg und passierten die Halle als Abkürzung. Wir haben uns in keiner Hinsicht auffällig verhalten. Die Kontrolle ging soweit, dass einer der Polizisten einem meiner Freunde in den Intimbereich blicken wollte und dies mitten in der öffentlichen Halle. Begründung war der Besitz von Cannabis und Spray-Dosen...
Halten Sie diese Massnahme für verhältnismässig?

Nein, das geht definitiv nicht. Diese Halle ist ein Hotspot und den Jugendlichen, die sich dort aufhalten, wird höchstens ein Blick in ihre Rucksäcke geworfen. Aber eine Leibesvisitation vor Ort geht nicht. Dafür braucht es einen starken Verdacht, zum Beispiel wenn Sie während einer Kontrolle davonrennen würden. Dann wäre eine weitergehende Kontrolle verhältnismässig. Selbst in solch einem Fall muss die Leibesvisitation aber hier auf dem Posten geschehen und nicht in der Öffentlichkeit. Aber gerade wenn der Verdacht auf Spray-Dosen-Besitz basiert, reicht üblicherweise das Abtasten bzw. die Effektenkontrolle.

Polizisten sprachen oftmals von „Hotspots", die sie regelmässig checken, weil dort oft gekifft oder eben gesprayt werde. Sind die Routen für die Streifenwagen also so festgelegt, dass alle diese Hotspots regelmässig abgefahren werden?

Jeden Freitag und Samstag von 20:00 Uhr bis 05:00 Uhr sind zwei Vans unterwegs. Das ist die sogenannte Schwerpunkt-Patrouille, an der auch ich immer wieder mal beteiligt bin. Diese Patrouille fährt effektiv diese Hotspot-Liste ab. Dies geschieht nicht immer zeitgleich und die Orte sind nach Priorität geordnet. Dabei führen wir Protokoll, an welchen Plätzen es ruhig und sauber war und an welchen wir Personen angetroffen haben. Diese Daten werden gesammelt und wenn einer dieser Orte unauffällig bleibt, dann fällt er eine Prioritätsstufe hinunter. Diese Hotspots basieren auf Meldungen aus der Bevölkerung, von Hausabwarten, Förstern, Anwohnenden usw. Das Sankt Georgen Schulhaus ist auch hier wieder ein gutes Beispiel, da es eigentlich konstant auf der obersten Prioritätsstufe bleibt. Dort halten sich eigentlich immer

Leute auf, obwohl ich auch schon Stunden mit dem Nachtsichtgerät verharrt habe und niemand auftauchte. Wir kamen auch schon vorbei als dort ein „Puff" war, welches wir aufgeräumt haben. Und als wir drei Stunden später wiederkamen, war wieder sie gleiche Unordnung wie beim ersten Mal, aber wieder alle weg.

Meine These ist, dass eben genau diese regelmässigen Personenkontrollen das Freizeitverhalten vieler Jugendlicher stark beeinflusst, so dass sie sich aus der Öffentlichkeit, die reich an solchen erwähnten Hotspots ist, immer mehr zurückziehen, um spontane und unbegründete Kontrollen zu umgehen. Klar, viele tun dies, weil sie wahrscheinlich irgendwo in Ruhe ihr Cannabis rauchen wollen, aber viele tun es eben auch, nur um einer „polizeilichen Belästigung" zu entgehen. Wie sehen Sie das? Konnten Sie das ebenfalls feststellen?

Als ich mit meinem Job begonnen habe, waren überall in der Stadt Jugendliche. Wenn man sie fragte, warum sie nicht in den Jugendtreff gingen, meinten diese, dort habe es zu viele „Schippis". Diese Jugendliche hielten sich folglich im öffentlichen Raum auf, was zu Meldungen aus der Bevölkerung bei der Polizei führte. Man kontrollierte und vertrieb sie, worauf man sie an einem anderen Ort wieder durch eine weitere Meldung wiederfand. Wir wollten diese Jugendlichen nicht vertreiben, sondern lediglich, dass sie sich normal verhalten. Wir haben oft mit ihnen gesprochen und ihnen beibringen wollen, dass dies keine Lösung sein kann. Die Jugend muss sich irgendwo entfalten können, aber nicht indem sie Littering betreiben. Ich möchte noch anmerken, dass heutzutage leider auch immer direkt die Polizei angerufen wird, statt zu versuchen, mit den Jugendlichen direkt zu kommunizieren. Die Jungen müssen irgendwo sein, dies jedoch mit dem Bewusstsein, wo die Grenzen sind. Und das muss jemand diesen Jugendlichen beibringen, ob das jetzt der Vater, die Mutter, der Lehrer, der Hauswart oder die Polizei ist. Aber heutzutage rufen uns die Leute nur schon aus Angst an. Sie befürchten die Jugendlichen würden gewalttätig reagieren, sollte man sie nur schon auffordern die Musik auszuschalten. Dann kommen halt wir zum Einsatz. Aber die Absicht, die Jugendlichen zu vertreiben, haben wir auf keinen Fall. Wir haben viel weniger Jugendliche da draussen als noch vor zehn Jahren und auch ich frage mich, wo diese hingingen.

Stadt Winterthur

Departement Sicherheit und Umwelt

Stadtpolizei
Hauptabteilung Sicherheit und Verkehr
Obertor 17
8403 Winterthur

Telefon ▓▓▓▓▓▓
Fax +41 (0)52 267 65 44
www.stapo.winterthur.ch

▓▓▓▓▓▓▓▓

Support Projekte und Spezialaufgaben
▓▓▓▓▓ Wm mbA

Frau ▓▓▓▓▓▓
Herr ▓▓▓▓▓▓

8400 Winterthur

24. März 2016

Ihr Schreiben vom 24. Februar 2016 betr. Personenkontrolle und Leibesvisitation

Sehr geehrte Frau ▓▓▓▓
Sehr geehrter Herr ▓▓

Ich beziehe mich auf Ihren oben erwähnten Brief, worin Sie um eine Stellungnahme zum Polizeieinsatz vom 21. Februar 2016 ersuchen. Ihr Schreiben wurde zuständigkeitshalber an die Hauptabteilung Sicherheit und Verkehr weitergeleitet. Zufolge verschiedener Abwesenheiten hat sich die Beantwortung leider etwas verzögert. Nachdem ich mit den beiden involvierten Beamten den Einsatz besprechen konnte, zeigen sich doch einige Differenzen zwischen dem von Ihnen geschilderten Ablauf und der Schilderung des Einsatzes aus Sicht der Beamten.

Die Parkhalle am Katharina-Sulzer-Platz stellt seit einigen Jahren ein sogenannter Brennpunkt dar. Immer wieder werden Sachbeschädigungen an Fahrzeugen begangen, Sprayereien angebracht oder die Halle mit Abfall verunreinigt. Zudem werden dort oft Drogen konsumiert. Aufgrund dieser Vorgänge führt die Polizei vermehrt Kontrollfahrten durch und auch der private Sicherheitsdienst kontrolliert die Parkhalle regelmässig.

Als die beiden Polizisten am besagten Abend mit ihrem Streifenwagen zur Kontrollfahrt in die Parkhalle fuhren, fiel ihnen sogleich die stillstehende Gruppe der vier jungen Männer auf, welche sich beim Anblick des Polizeifahrzeuges gleich in Bewegung setzte. Einer der jungen Männer schien sich zudem hinter einem der massiven Pfeiler der Parkhalle verstecken zu wollen. Zudem bestanden keinerlei Anhaltspunkte dafür, dass sich die Gruppe im Zusammenhang mit einem parkierten Fahrzeug dort aufgehalten hatte. Aufgrund dieser Beobachtung und der Erfahrungen an dieser Örtlichkeit entschieden sich die Polizisten, bei der Gruppe eine Personenkontrolle durchzuführen.

Die beiden Beamten bestätigten mir gegenüber, sich den jungen Männern vorgestellt und ihnen die Polizeikontrolle eröffnet zu haben. Beide erklärten auch, dass keiner der jungen Männer nach dem Grund der Kontrolle gefragt habe, welcher aus polizeitaktischen Gründen nicht immer gleich am Anfang der Kontrolle bekannt gegeben wird.

Gleich zu Beginn der Kontrolle wurde in den Effekten eines der jungen Männer eine geringe Menge Marihuana sichergestellt. Kurz darauf fanden die Polizisten in den Effekten von ▓▓ ▓▓▓▓▓▓ neben der Hanfmühle zwei Päckchen Filter und sogenanntes Papes (zum Drehen von Zigaretten und Joints), was den Anfangsverdacht erhärtete. Der Verdacht lag

Stadt Winterthur

daher nahe, dass auch die anderen jungen Männer weiteres Marihuana oder andere Drogen auf sich tragen könnten, weshalb die Kontrolle weitergeführt wurde.

Während der Kontrolle nahm R.H. sein Mobiltelefon hervor, worauf Wm mbA Fehr höflich aber bestimmt fragte, was er da mache. Als R.H. antwortete, dass er seine Mutter anrufe, bat Wm mbA Fehr, dass er mit der Mutter sprechen könne. Daraufhin übergab R.H. sein Mobiltelefon an Wm mbA Fehr, welcher der Mutter von R.H. die Situation schilderte.

In Bezug auf die Kontrolle von ⬛⬛⬛⬛⬛⬛⬛ erklärte Wm mbA Fehr, er habe ihn zur Seite genommen und ihm erläutert, weshalb er genauer durchsucht werde. Er habe ihm erklärt, dass Drogen oft in der Unterwäsche versteckt würden, und ihn gebeten, die Hosen zu öffnen und die Unterhosen etwas nach vorne zu ziehen, damit er sehen könne, ob sich in der Unterhose Drogen befänden. ⬛⬛⬛⬛⬛⬛⬛ habe die Erläuterungen verstanden und eingewilligt, weshalb die Kontrolle abseits der Gruppe, sichtgeschützt neben dem Streifenwagen, wie beschrieben durchgeführt worden sei. Protestiert habe niemand, lediglich R.H., welcher einige Meter entfernt gestanden habe, habe ⬛⬛⬛⬛ zugerufen, er solle das nicht machen.

Was Ihre rechtlichen Fragen zur Kontrolle betrifft, gelten folgende gesetzlichen Vorgaben: Für eine Personenkontrolle braucht es einen Anlass, wobei bereits niederschwellige Hinweise dafür, dass polizeiliches Handeln angezeigt sein könnte, genügen. Voraussetzung ist zudem, dass die Personenkontrolle für die Erfüllung einer polizeilichen Aufgabe – also insbesondere auch zur Erkennung und Verhinderung von Straftaten (§ 3 Abs. 2 lit. a PolG) – notwendig ist. Besteht sodann bereits ein konkreter Verdacht, dass eine Straftat begangen wurde, kann die Polizei zur Aufklärung dieser Straftat eine Person anhalten und einer Personenkontrolle unterziehen (§ 215 StPO). Der Übergang von einer polizeigesetzlich motivierten Personenkontrolle zu einer strafprozessualen Anhaltung ist oft fliessend und eine genaue Grenzziehung nicht immer möglich.

Für die zunächst polizeigesetzlich motivierte Kontrolle von ⬛⬛⬛⬛⬛⬛⬛ und seiner Kollegen bestand aufgrund der Erfahrungen an dieser Örtlichkeit sowie dem beschriebenen Verhalten der jungen Männer ein genügender Anfangsverdacht. Nachdem dann gleich zu Beginn Betäubungsmittel sowie entsprechende Utensilien zum Vorschein kamen, rechtfertigte dies auch die eingehendere Durchsuchung von ⬛⬛⬛⬛⬛⬛ Eine eigentliche Leibesvisitation (mit Entkleiden auf der Wache und Erstellen eines Verhaftsrapports) oder eine Untersuchung im Sinne von § 35 Abs. 3 PolG hat nicht stattgefunden. Im Zusammenhang mit Betäubungsmitteln bzw. entsprechenden Utensilien ist es üblich dass auch ein Kontrollblick in die Unterbekleidung, insbesondere die Unterhosen geworfen wird. Wenn ein sichtgeschützter Bereich vorhanden ist und die zu durchsuchende Person einwilligt, kann diese Kontrolle ohne weiteren Zeitverlust gleich vor Ort vorgenommen werden. Dies wird auch von den anderen Polizeikorps im Kanton Zürich so praktiziert und in der Polizeiausbildung so unterrichtet. Nach der Schilderung des handelnden Polizisten hatte der volljährige ⬛⬛⬛⬛⬛⬛ die Erläuterungen verstanden und in die Kontrolle vor Ort eingewilligt, welche sichtgeschützt neben dem Streifenwagen stattgefunden hat.

In Bezug auf das Telefonat von R.H. mit seiner Mutter wird die Situation von den beteiligten Beamten ebenfalls anders geschildert. Grundsätzlich ist es aus Sicherheitsgründen nicht erlaubt, während einer Personenkontrolle zu telefonieren oder zu rauchen. Minderjährige Personen haben jedoch das Recht, ihre gesetzliche Vertretung über die Personenkontrolle zu informieren. Ob dies durch die kontrollierte Person selber geschieht, oder durch einen Polizisten oder eine Polizistin, entscheiden die Beamten vor Ort aufgrund der aktuellen Situation.

Zusammenfassend kann ich Ihnen mitteilen, dass diese Personenkontrolle aus polizeilicher Sicht auch rückblickend als zulässig und verhältnismässig beurteilt wird. Wir werden Ihr

Stadt Winterthur

Schreiben jedoch zum Anlass nehmen, unsere Beamtinnen und Beamten insbesondere für den Umgang mit minderjährigen Personen zu sensibilisieren, und prüfen, ob die Durchsuchung von Jugendlichen in Zukunft immer auf der Wache durchgeführt werden sollen.

Ich hoffe, Ihnen Ihre Fragen mit diesen Abklärungen beantwortet zu haben und verbleibe mit freundlichen Grüssen.

Hauptabteilung Sicherheit und Verkehr

Wm mbA

Zur Kenntnis:
• Stv Sicherheits- und Verkehrspolizei